Le permis de construire dans le droit de l'urbanisme

Logiques Juridiques

Fondée par Gérard Marcou
Dirigée par Jean-Claude Némery et Thomas Perroud

Le droit n'est pas seulement un savoir, il est d'abord un ensemble de rapports et pratiques que l'on rencontre dans presque toutes les formes de sociétés. C'est pourquoi il a toujours donné lieu à la fois à une littérature de juristes professionnels, produisant le savoir juridique, et à une littérature sur le droit, produite par des philosophes, des sociologues ou des économistes notamment.

Parce que le domaine du droit s'étend sans cesse et rend de plus en plus souvent nécessaire le recours au savoir juridique spécialisé, même dans des matières où il n'avait jadis qu'une importance secondaire, les ouvrages juridiques à caractère professionnel ou pédagogique dominent l'édition, et ils tendent à réduire la recherche en droit à sa seule dimension positive. À l'inverse de cette tendance, la collection « Logiques juridiques » des éditions L'Harmattan est ouverte à toutes les approches du droit. Tout en publiant aussi des ouvrages à vocation professionnelle ou pédagogique, elle se fixe avant tout pour but de contribuer à la publication et à la diffusion des recherches en droit, ainsi qu'au dialogue scientifique sur le droit. Comme son nom l'indique, elle se veut plurielle.

Dernières parutions

Demba MBOW, *Le secret dans l'arbitrage international, Approche critique,* 2021.
Benoît GRÉMARE, *De l'arme nucléaire française. Essai sur la constitutionnalisation de la force de frappe,* 2021.
Gladys TREZENEM, *La dignité de la personne humaine et le juge administratif,* 2021.
Chryssi PAPANIKOLAOU, *Le principe de l'Etat social, Étude sur les limites de l'activité législative en droit comparé français et hellénique*, 2021.
Yves Gabriel DJEYA KAMDOM, *La responsabilité des ordonnateurs des crédits publics dans le système financier contemporain. Étude des droits camerounais et français,* 2021.

Sabine Ndzengue Amoa

Le permis de construire dans le droit de l'urbanisme

L'Harmattan

Ouvrages du même auteur :

Changements climatiques, leur impact sur la protection de la biodiversité d'Afrique Centrale. Cas particulier du Cameroun ; L'Harmattan, 17 Décembre 2020.

5-7, rue de l'École-Polytechnique ; 75005 Paris

http://www.editions-harmattan.fr

ISBN : 978-2-343-25192-9

EAN : 9782343251929

Au Professeur Abane Engolo Patrick Edgard,

qui a suggéré ce thème et dirigé mon mémoire

REMERCIEMENTS

Ma gratitude va aux Éditions L'Harmattan pour l'indépendance d'esprit et le grand professionnalisme qui animent leur maison d'édition.

AVERTISSEMENT

La présente publication résulte d'études poursuivies à l'Université de Yaoundé II en vue de l'obtention d'un master 2 en droit public. Le mémoire a été modifié en Décembre 2021.

LISTE DES ABREVIATIONS

AFBD	African Bank of development
AJUPA	Acte juridique unilatéral à pluralité d'auteurs
Assoc.	Association
CAA	Cour administrative d'appel
CCA	Conseil du contentieux administratif
CE	Conseil d'État
CFJ/CAY	Cour Fédérale de Justice/Chambre administrative de Yaoundé
CS/CA	Chambre administrative de la cour suprême
CFJ	Cour fédérale de justice
COR	Cameroun oriental
CTD	Collectivités territoriales décentralisées
C. urb.	Code de l'urbanisme
DSRP	Document de stratégie pour la réduction de la pauvreté
FEICOM	Fonds spécial d'équipement et d'intervention intercommunal
GRIDAUH	Groupement de recherche sur les institutions et le droit de l'aménagement, de l'urbanisme et de l'habitat

INSEE	Institut national de la statistique et des études économiques
J.-CL. Adm.	Juris-classeur administratif
LABO-GENIE	Laboratoire national de génie civil
LGDJ	Librairie générale de droit et de jurisprudence
MAE-TUR	Mission d'aménagement et d'équipement des terrains urbains et ruraux
MINDUH	Ministère du développement urbain et de l'habitat
MI-NEPAT	Ministère de l'économie, de la planification et de l'aménagement du territoire
PDU	Plan directeur d'urbanisme
PIB	Produit intérieur brut
PLU	Plan local d'urbanisme
POS	Plan d'occupation des sols
PPRN	Plan de prévention des risques naturels
PSVM	Plan de sauvegarde et de mise en valeur
PUA	Presses Universitaires d'Afrique
PUC	Presses Universitaires du Cameroun
PUF	Presses Universitaires de France
PV	Procès-verbal
RDP	Revue de droit public et de science politique en France et à l'étranger
Req.	Requête

RFDA Revue française de droit administratif

RJPIC Revue juridique et politique indépendance et coopération

SHON Surface hors œuvre nette

TGI Tribunal de Grande instance

UCAC Université catholique d'Afrique centrale

INTRODUCTION

La législation impose à toute personne désirant élever une construction diverses autorisations, au premier rang desquelles figure le permis de construire. L'article 107(2) de la loi régissant l'urbanisme[1] ou l'article L 111-1 du code de la construction et de l'habitation[2] dispose que : « *Quiconque désire entreprendre une construction, même si celle-ci ne comporte pas de fondation, doit, au préalable, obtenir un permis de construire délivré par le maire de la communauté concernée* ». De cet article, il est indéniable que ''**le permis de construire**'' est le préalable incontournable à toute construction. Pour comprendre la fonction primordiale jouée par cet instrument, il est nécessaire de rappeler le contexte dans lequel il est intervenu.

Depuis quelques temps, les zones interdites à l'instar des marécages, flancs de colline sont occupées par des maisons. Bien plus, l'actualité est marquée par l'effondrement inexpliqué d'immeubles en cours de construction à Yaoundé et dans diverses autres villes du Cameroun.

En France, les évènements sont marqués par les inondations des maisons dues aux changements climatiques ; les modifications d'immeubles dans l'optique d'apporter la biodiversité en Ville comme à la campagne.

Ces phénomènes remettent à l'ordre du jour l'impérieuse nécessité du respect des règles d'urbanisme et de construction.[3]

En France, le code de l'urbanisme, le code de la construction et de l'habitation, l'arrêté du 11 Octobre relatif aux

---

1 - Loi N° 2004/003 du 21 Avril 2004 régissant l'urbanisme au Cameroun, article 107.

2-Article L 111-1 du code de la construction et de l'habitation français.

3 - MPESSA (A.), « Le permis de construire à l'épreuve de la pression foncière et du développement urbain au Cameroun », in *SOLON, Revue Africaine de parlementarisme et de démocratie*, Volume III, N°7, Août 2013,238p. P44.

attestations réglementations thermiques 2012 ; ainsi que la LOI n° 2018-1021 du 23 novembre 2018 portant évolution du logement, de l'aménagement et du numérique encadrent les autorisations de construire.

Antérieurement à la Loi de 2004 sur l'urbanisme[4], divers autres textes abordaient la question du permis de construire au Cameroun. En effet, afin d'éviter que le propriétaire procédant à la construction, reconstruction d'un bâtiment ne subisse des déconvenues, le législateur avait pris des dispositions.

Dans ce pays d'Afrique centrale, les premiers textes en la matière sont l'arrêté N°366 du 24 Juin 1949 instituant l'autorisation préalable au permis de bâtir dans les zones d'aménagement d'intérêt local et l'arrêté N°365 du 24 Juin 1949 relatif à l'autorisation préalable dans les agglomérations de Douala, Yaoundé, Dschang, zones d'aménagement d'intérêt général [...][5].

Conscient de l'apport indéniable du permis de construire à l'utilisation du sol et à la construction, divers législateurs ont tôt fait de l'adopter. C'est ainsi qu'en droit de l'urbanisme camerounais et Français ; et particulièrement pour ce qui est du volet relatif à l'acte d'utiliser le sol et de reconstruire, le permis de construire figure en bonne place.

Cette autorisation est donc à côté du certificat d'urbanisme, de l'autorisation de lotir, du permis d'implanter, du permis de démolir et du certificat de conformité, un acte administratif relatif à l'utilisation du sol et à la construction[6].

Mais le permis de construire est un acte administratif singulier par rapport aux autres actes liés à l'usage du sol et de

---

4 - Loi N° 2004/003 du 21 Avril 2004 régissant l'urbanisme au Cameroun

5 - Voir **Guiffo** (J-P), *Le droit de l'urbanisme et de la construction au Cameroun*, Essoah, 2007, p156.

6 - Voir la Loi N° 2004/003 du 21 Avril 2004 régissant l'urbanisme au Cameroun, article 99, alinéa 1.

la construction. Car il permet de mettre sur la même table le droit et la science. **Michel PROUZET** disait à cet égard que : ***''Nulle part, dans le monde, le droit ne fait la ville''***[7].

De ce qui précède, il faut se rendre à l'évidence que le Permis de construire est un acte administratif qui obéit à une certaine dynamique et à une certaine complexité qu'il convient de décliner dans le cadre de ce travail. Le présent ouvrage se penche sur la question et propose d'étudier ***"le Permis de construire dans le droit de l'urbanisme"***.

Toutefois, une bonne appréhension des contours du sujet commande que soit d'abord présenté le cadre de l'étude, pour par la suite, déterminer l'objet et la méthode à suivre.

LE CADRE ET L'INTÉRÊT DE L'ÉTUDE

Toute étude nécessite au préalable une délimitation, une circonscription. Le cadre de cette étude peut s'apprécier suivant une démarche bipartite, à savoir : le cadre scientifique d'une part (A) et le cadre spatio-temporel d'autre part (B).

A- Le Cadre scientifique

Le cadre scientifique d'une étude se rapporte à son champ matériel d'investigation. Ce dernier s'entend de l'espace notionnel ou conceptuel du sujet. En clair le cadre scientifique présente les fondements théoriques et explicatifs du sujet ; c'est-à-dire le domaine scientifique exploré par lui.[8] Il y a lieu de dire, s'agissant de la présente étude, qu'elle a pour cadre d'analyse le permis de construire dans le droit de l'urbanisme du Cameroun et de la France.

---

7 -PROUZET (M.), « **Politique** foncière de l'État dans l'aménagement urbain » in *Enjeux fonciers en Afrique noire*, Études réunies et présentées par LEBRIS(E), LEROY (E), LEIMDORFER (F.), Karthala, 1983, P 325.

8 - ESSIMI (F- O), *Les caractères de l'expertise dans la procédure administrative contentieuse*, mémoire de DEA droit public interne, Université de Yaoundé II, 2010-2011, p4.

« Où en est le droit de l'urbanisme ? »[9].L'ambiguïté de la réponse à cette question a été dissipée avec le temps. Le droit de l'urbanisme jouit aujourd'hui d'une certaine autonomie par rapport au droit de la construction. Le droit de l'urbanisme (usage des sols) et le droit de la construction (acte de construction) sont aujourd'hui séparés appartenant respectivement aux sphères du droit public – droit privé. Le droit de l'urbanisme est en fait un droit spécial.

Les États d'Afrique noire tendent de plus en plus à réglementer et à diriger. Pour ne parler que du droit de l'urbanisme, on constate que la plupart d'entre eux ont élaboré, dans cette matière, leurs propres règles[10].Cette affirmation masque peu le débat alimenté par la doctrine africaine et africaniste sur l'autonomie des droits africains.

Sur cette question, en reconnaissant de prime abord qu'une partie du droit public en général et du Cameroun en particulier est d'inspiration française[11], le professeur **Magloire ONDOA** affirme tout de même leurs originalités. Quant au professeur **Victor Emmanuel BOKALLI**, il fait remarquer à cet effet qu'au Cameroun, c'est le droit moderne, droit d'inspiration occidental, « *[...] qui, de manière générale, s'exerce devant les juridictions d'État* ». Ce droit moderne, transposé ici dans un mimétisme aveugle, apparaît inadapté à l'épreuve de la réalité[12].

---

9 -NOGUELLOU (R), « Où en est le droit de l'urbanisme ? », RFDA 2012, P850.

10 - PROUZET (M.), « **Politique** foncière de l'État dans l'aménagement urbain » in *Enjeux fonciers en Afrique noire*, Études réunies et présentées par LEBRIS(E), LEROY (E), LEIMDORFER (F.), Karthala, 1983, p325.

11 -ONDOA (M.), « Le droit administratif français en Afrique francophone : Contribution à l'étude de la réception des droits étrangers en droit interne », RJPIC, vol 56, N°3,2002, P290.

12 -TIENTCHEU NJIAKO (A), Droits fonciers urbains au Cameroun, P.U.A., 2003, P11.

Néanmoins, il convient de trancher avec le professeur **Maurice KAMTO** qu'« ***il n'y a pas de raison de s'émouvoir parce que le droit national résulterait d'emprunts sélectifs faits à des législations étrangères. La question qui devrait interpeler le juriste est de savoir si la norme importée fournit la solution adéquate au problème juridique local. Si c'est le cas, le droit importé devient alors le droit national par réception ou par incorporation*** »[13].

Après la précision du cadre scientifique de l'étude, il est question désormais de voir à quoi se rapporte son champ spatio-temporel.

B- **Le Cadre spatio-temporel**

Le cadre spatio-temporel de l'étude correspond au champ géographique d'investigation et au cadre chronologique. Il est important que ces champs soient précisés, leur absence plongeant fatalement le sujet dans la théorie du droit.[14]

Pour ce qui est du champ géographique, **Jean-Louis BERGEL** écrivait à propos que "***le phénomène juridique se développe dans l'espace... il a d'abord besoin d'être localisé dans l'espace en un lieu donné déterminé***"[15].

Par la formulation du sujet, la délimitation géographique peut être effectuée. L'étude aura pour cadre géographique les États du'' **Cameroun et la France**''.

---

13 -KAMTO (M.), cité par NZALI (S.Y.), *L'utilisation des véhicules de l'administration publique en droit camerounais*, mémoire de DEA droit public, Université de Yaoundé II, 2010-2011, P4.

14- ESSIMI (F- O), op. Cit., p3.

15- BERGEL (J-L), *Théorie générale du droit, Méthode du droit*, 2e édition, Dalloz, 1989, p.131.

Situé entre l'Afrique de l'Ouest et l'Afrique Centrale, le Cameroun est limité à l'Ouest par le Nigéria, au Nord par le lac Tchad, à l'Est par la République Centrafricaine et le Tchad, au Sud par l'Océan atlantique, la Guinée Équatoriale, le Gabon et le Congo.[16]

Très étendu en latitude (1200 km du nord au sud), le pays a schématiquement la forme d'un triangle de 475 442 km2 de superficie, dont la base longe 1°38 de latitude nord, tandis que le sommet, riverain du lac Tchad, atteint 13°05 de latitude nord. Bordé par l'Océan atlantique, le pays est dominé par l'un des massifs montagneux les plus hauts d'Afrique. L'ensemble constitue une très grande variété de domaines biogéographiques, si bien qu'on a pu parler d'une Afrique en miniature.[17]

---

16 - BAD, *étude diagnostique pour la modernisation des secteurs du cadastre et des domaines*, Novembre 2009, P12.

17 -www.wikipedia.org, consulté le 30 Novembre 2014.

La France est un pays d'une superficie de 551 695 Km^2 (région métropolitaine) et 675 417 Km^2 avec l'outre-mer, s'étendant sur 1 000 Km du nord au sud et d'est en ouest (plus grande distance du nord au sud : Bray-Dunes à Cerbère). La France est le troisième plus grand pays d'Europe, après la Russie et l'Ukraine (le deuxième en comptant l'outre-mer). La France métropolitaine a cinq façades maritimes sur (du nord au sud) : la mer du nord, la Manche, la mer d'Iroise, l'océan atlantique et la mer Méditerranée. Ainsi, la longueur totale de ses côtes atteint 3 427 km[18].

Au plan temporel, "***le droit ne peut ignorer la réalité du temps, c'est-à-dire le moment ou la durée d'une situation juridique***"[19].Toute étude juridique doit inclure des données temporelles. De sa racine latine *tempus* exprimant la durée, le temps est l'entité immanente à travers laquelle l'ordre du monde est réglé. *Continuum* irréversible qui s'écoule du présent vers l'avenir en créant le passé, le temps exerce son emprise sur toute réalité.[20]

D'une façon générale, on émet un doute sur l'existence des villes en Afrique subsaharienne avant la pénétration européenne. Cette idée reçue a pour origine la méconnaissance de l'histoire par les urbanistes qui parlent du fait urbain en Afrique et le refus d'accorder, en dépit d'une histoire bien connue, le statut de villes aux agglomérations qui ont favorisé la gestion culturelle, politique et économique des sociétés africaines précoloniales.[21]On ne saurait donc *a fortiori* argumenter sur le permis de construire à cette époque.

18-https://fr.wikipedia.org/wiki %C3%A9ographie_de_la_France

19 -BERGEL (J-L*), Théorie générale du droit…*, op.cit., p.110.

20 -OWONA MBALLA (R.), « Le « temps d'effet » de la décision administrative en droit positif camerounais » in *Jurisdoctoria* n° 7, 2011, p45.

21 - NGOMSIK KAMGANG (J.), *Evolution dans la région de l'Afrique centrale des règles foncières et de l'urbanisme : L'exemple*

Au Cameroun, le dynamisme urbain s'est manifesté, depuis l'accession de ce pays à l'indépendance (le 1er Janvier 1960) par une croissance fulgurante à la fois du nombre de villes, de leurs populations et de leurs surfaces bâties.[22] Certes les premiers règlements concernant l'occupation du sol urbain et la police des constructions au Cameroun datent de la période coloniale, mais l'institution du permis de bâtir remonte à l'époque du mandat français et son application n'a été étendue à l'ex-Cameroun oriental qu'assez récemment (1973)[23].

S'agissant de la délimitation dans le temps de cette étude, le repère de référence qui sera pris en considération c'est l'année 2004. Celle-ci marque la période la plus prolifique en matière d'urbanisme au Cameroun. L'illustration est faite par la loi cadre régissant l'urbanisme adoptée en 2004 qui abroge les dispositions antérieures contraires de l'ancienne réglementation.[24]

C'est donc l'année 2004, date d'adoption et de promulgation de la Loi régissant l'urbanisme au Cameroun qui servira de point de repère principal. Mais accessoirement, un détour pourra être fait par la période précédant l'année 2004. Le cadre de l'étude étant précisé, il convient de s'attarder sur son objet.

C- L'Intérêt de l'étude

L'étude sur le thème du permis de construire dans le droit de l'urbanisme ne vaudrait rien si elle manquait de

---

du Cameroun. Thèse de doctorat : Droit public. Université de Limoges, Faculté de droit et de sciences économiques, Décembre 2012, P89.

22 -TIENTCHEU NJIAKO (A.), *Droits fonciers urbains au Cameroun*, Presses universitaires d'Afrique, 2003, p9.

23 - BERGEL (J-L*), Méthode du droit et Théorie générale du droit...*, op.cit., P304.

24 -Art 135 de la Loi N° 2004/003 du 21 Avril 2004 régissant l'urbanisme au Cameroun

susciter un intérêt certain. Celui-ci se décline en deux aspects : un aspect théorique (1), et un aspect pratique (2).

1-L'Intérêt théorique

Le droit de l'urbanisme est au carrefour des préoccupations très variées où l'intérêt général occupe une place centrale, confronté à des intérêts privés, en particulier le droit de propriété. La matière du droit de l'urbanisme est constituée par une préoccupation centrale : Déterminer les conditions d'occupation du sol et de l'espace, dans un souci croissant d'équilibre, d'une part entre activités et implantations humaines concurrentes, et, d'autre part entre la préservation de l'environnement et le développement urbain.[25]

L'urbanisme est un champ d'investigation que géographes, sociologues, anthropologues, historiens, économistes, démographes, juristes, politologues, architectes, ingénieurs... ont plus ou moins précocement défriché, en l'inscrivant au cœur ou en marge de leur discipline respective de rattachement. On sait, dans le contexte académique français, combien ce cloisonnement demeure vivace, par-delà quelques lieux et moments privilégiés d'interdisciplinarité active.[26]

Cette étude ne s'enfermera pas dans le cadre des redites des diverses disciplines, mais s'efforcera de mettre en relief le rôle joué par le permis de construire dans le respect des règles d'urbanisme.

Dans ce canevas, des concepts polysémiques doivent être maîtrisés dans leur cadre d'application. Bien plus, le radical d'un substantif peut en modifier le sens (urbanisme, urbanisation). Il s'agit dans un contexte signifiant de spécifier un champ d'investigation large qui s'adresse aux géo-

---

25 -**DROBENKO (B.)**, *Droit de l'urbanisme*, Mémentos LMD, Gualino, 3ème édition, 08/2006, p29.

26 -COQUERY (M.), « Urbanisation et urbanisme » sur www.gemdev.org.

graphes, anthropologues, historiens, économistes, démographes, juristes, voire politologues, architectes. Les bornes doivent être limitées pour éviter tout chevauchement inopportun.

2-L'Intérêt pratique

Constructions anarchiques, démographie non contrôlée, servitudes existantes sont entre autres les différents maux recensés dans les villes du Cameroun. Inondations, modification du paysage urbain pour l'apport de la biodiversité en ville comme à la campagne font partie des défis et enjeux actuels en France.

La détermination des conditions d'occupation du sol et de l'espace constitue une préoccupation à la fois globale et locale en raison de phénomènes qu'elle produit. Il en résulte que les conditions de l'occupation du sol et de l'espace sont déterminées par une intervention locale ; c'est-à-dire dans le champ de compétence des acteurs locaux, comprenant l'ensemble des autorités publiques, mais que ces compétences s'exercent dans un cadre pré établi par des interventions supra locales.[27]

L'administration doit avoir une vue globale de l'usage des sols, l'usager doit quant à lui être protégé ; savoir si le terrain sur lequel il compte élever une construction ne le soumet pas à des risques à court, moyen et à long terme.

Notre recherche s'inscrit dans le cadre de la mise en œuvre effective des règles générales d'urbanisme, notamment par le biais du permis de construire dans des pays comme le Cameroun, la France.

L'OBJET DE L'ÉTUDE

La recherche proposée porte sur le permis de construire en droit de l'urbanisme. Elle ne saurait donc être menée sans une définition préalable des concepts (A). Ce qui va

---

27 -DROBENKO (B.), *Droit de l'urbanisme*, Mémentos LMD, Gualino, 3ème édition, 08/2006, p56.

conduire à une problématique à laquelle il faudra apporter une réponse (B).

A- Les précisions terminologiques

L'étude sur le permis de construire en droit de l'urbanisme nécessite que soient précisées les notions qui s'y rapportent à savoir : Permis de construire et droit de l'urbanisme.

La notion de permis de construire

Le permis de construire est composé de deux mots : Permis et construire.

Le terme « permis », selon le dictionnaire Larousse, désigne l'autorisation officielle requise pour certaines activités. Pour aller plus loin, il s'agit de l'autorisation officielle pour effectuer certaines activités soumises à réglementation (chasse, pêche)[28].

Étymologiquement, le terme construire vient du latin « ***construere*** », qui signifie Bâtir, élever, avec de la pierre, du bois, du métal, etc., d'après un plan déterminé, le terme construire signifie le fait d'assembler différents éléments d'un édifice en utilisant des matériaux et des techniques appropriées[29].

De l'association de ces deux premiers mots, découlent donc diverses définitions du permis de construire. Il est ainsi perçu comme : L'obligation pour le constructeur de solliciter une autorisation administrative préalablement à l'édification d'une construction ou à la réalisation de travaux sur une construction déjà existante.[30]Il est donc l'autorisation donnée par une autorité administrative d'édifier une

28 - www.linternaute.com/dictionnaire .

29 - WWW.wikipedia.org .

30 - SOLER-COUTEAUX (P.), *Droit de l'urbanisme*, Dalloz, 1996, p381.

construction nouvelle ou de modifier une construction existante préalablement à l'exécution des travaux.[31]

Cette définition semble limitative, elle laisse transparaître l'existence de divers autres types d'autorisations : Autorisation de lotir, d'implanter. Si bien qu'il serait plus opportun de spécifier la nature juridique et les caractéristiques de cette autorisation.

Relativement à la nature juridique, dans l'article 107 de la loi de 2004[32] du Cameroun, il est vu sous l'angle d'un acte administratif qui autorise une construction après vérification de sa conformité avec les règles de l'art et les règles d'urbanisme en vigueur.

En France, l'approche n'est pas très différente ; il est l'acte administratif par lequel l'autorité administrative autorise une construction après avoir vérifié qu'elle respecte les règles d'urbanisme applicables au lieu prévu pour son implantation.[33]

La définition proposée par le législateur, qui apparaît extensive, reste tout de même limitée notamment par l'expression « Acte administratif ». De quel type d'acte administratif unilatéral s'agit-il ?

Évidemment, malgré le laconisme manifeste des textes sur une définition du permis de construire en droit camerounais, des pistes peuvent être trouvées ailleurs. La jurisprudence camerounaise est assez fournie. Toutefois, dans le cadre de cette étude, le rapprochement à la définition donnée par la législation locale est nécessaire et une ouverture donnée à celle-ci permet de déterminer le type d'acte administratif unilatéral qu'est le permis de construire.

31- JACQUOT (H), PRIET (F.), *Droit de l'urbanisme*, précis Dalloz, 3ème édition, 1998, p 547.

32-Loi N° 2004/003 du 21 Avril 2004 régissant l'urbanisme au Cameroun.

33-SAVARIT-BOURGEOIS (I), *L'essentiel du Droit de l'Urbanisme*, Gualino, 2 Septembre 2004, p29.

On peut constater qu'il est relativement classique de différencier les actes administratifs sur le seul critère du nombre d'auteurs de l'acte. Ainsi, on dira qu'est unilatéral ce « qui émane d'une seule personne, d'une volonté unique », alors qu'est plurilatéral ce « qui émane de deux ou plusieurs parties ». Cependant, il ne paraît pas suffisant de raisonner en la matière en se fondant exclusivement sur un critère quantitatif, à savoir le nombre d'auteurs. La doctrine introduit ainsi un second critère complétant le premier : l'effet sur les tiers. Aussi peut-on lire que : « l'acte juridique unilatéral [...] émane d'une seule volonté, produit des effets à l'égard des tiers et constitue le procédé normal de l'action administrative ». Cette définition est loin d'être marginale puisqu'elle se retrouve dans les écrits de nombreux auteurs classiques. **Léon Duguit** affirme ainsi que « ***L'acte unilatéral suppose une volonté qui se manifeste sans qu'il y ait aucune relation avec la manifestation d'une autre volonté*** ». **Maurice Hauriou**, **Georges Burdeau** ou **André de Laubadère** fournissent une définition proche de ces actes juridiques unilatéraux. À l'opposé, les actes juridiques plurilatéraux sont définis comme des actes juridiques émanant de plusieurs personnes et dont les effets juridiques sont circonscrits à leurs auteurs[34].

Au Cameroun où le droit administratif a été introduit par la Métropole du temps de la colonisation, c'est au bout de cinquante ans que le juge administratif a dégagé une notion d'acte administratif unilatéral, construisant, déconstruisant et reconstruisant les contours de ce concept. Il a encore fallu du temps à la doctrine pour conférer à cette œuvre jurisprudentielle une unité de sens aisément maniable. Le juge administratif camerounais en a adopté des conceptions différentes selon qu'il voulait très souvent protéger l'Adminis-

34-GIGON (E), SPONCHIADO (L.), « Recherches sur les actes juridiques unilatéraux à plusieurs auteurs », *Jurisdoctoria* n° 7, 2011, p20.

tration ou éventuellement garantir les droits des administrés. Ces glissements successifs de sens avaient participé d'une longue, lente et patiente construction sur une période de cinquante ans, ponctuée par six séquences : Les arrêts ***Ada Nzie***[35] et ***Ngongang Ndjanke Martin***[36], les jugements ***Nkong Emmanuel***[37], ***Yeyap Njoya***[38], ***Effa Victor***[39]et ***Tabernacle des aigles***[40]. Dans cette dernière espèce, le juge affirme que l'acte administratif unilatéral doit satisfaire à deux catégories de conditions de fond et de forme : « *Attendu que s'agissant des conditions de forme, il faut notamment que l'acte soit pris unilatéralement par l'autorité habilitée à le faire ; qu'en ce qui concerne les conditions matérielles ou de fond il faut notamment que l'acte soit décisoire à savoir qu'il porte atteinte aux droits et intérêts légaux du recourant* ».

Quant aux caractéristiques, cet acte n'est pas discrétionnaire dans la mesure où l'autorisation ou le refus de l'autorité administrative compétente sont objectivement fonction des règlements en vigueur.[41] Ceci laisse entrevoir ''*a priori* ''que le permis de construire aurait les caractères d'un acte **inattaquable, intangible**, **définitif**. De plus, un refus

---

35- CCA, arrêt n° 320 du 3 Septembre 1954, Ada Ndzie c/ Administration du territoire du Cameroun

36-CFJ/CAY, arrêt N°20 du 20 Mars 1968, Ngongang Njanke Martin contre Etat du Cameroun, l'acte administratif unilatéral est défini comme *« un acte pris par une autorité administrative dans l'exercice d'un pouvoir administratif, et créant des droits et des obligations pour les particuliers.* »

37-CS/CA, Jugement n°1 du 19 Décembre 1975, Nkong Emmanuel c/ Etat du Cameroun

38- CS/CA, Jugement n°23 du 3 Févier 1977, Yeyap Njoya Joseph Marie c/ Etat du Cameroun

39 -CS/CA, Jugement N°77/ 02-03 du 24 Avril 2003, Effa Victor c/Etat du Cameroun (MINUH)

40-CS/CA, Jugement n°38/03-04 du 29 Décembre 2004, Tabernacle des Aigles de 2004 contre Etat du Cameroun (MINATD)

41 -GUIFFO (J-P), op cit, p 157.

donné sur un motif étranger à ces règlements serait sanctionné par le détournement de pouvoir ou la violation de la loi.[42]Illustration pouvant être fournie par l'affaire ***SCI SINAHA***[43].

Dans cette étude, sera donc retenue la définition suivante du permis de construire : Un acte administratif unilatéral à pluralité d'auteurs, une autorisation préalable à la généralité des constructions et travaux connexes, qui a pour but de vérifier que l'édifice respectera les règles d'urbanisme et de construction en vigueur. Que dire du droit de l'urbanisme ?

Le droit de l'urbanisme

Le droit de l'urbanisme ; il est constitué de deux mots : Droit et urbanisme.

Le droit de l'urbanisme peut être abordé sous divers angles. Il a un triple objet : Il attribue des affectations à l'espace. Il détermine les différents types d'occupation du sol admis ou interdits dans une zone déterminée de l'espace. Et pour chaque type d'occupation de l'espace, il détermine les règles et conditions d'utilisation de ce dernier. Le droit de l'urbanisme contrôle le respect de ces affectations. Ce droit prévoit tout un arsenal de procédures et de sanctions qui garantissent le respect par les propriétaires de l'affectation du sol qu'il détermine. Il permet la réalisation de ces affectations. Il met à disposition des autorités administratives des procédures leur permettant de conduire à bien des opérations d'aménagement.[44]

---

42 -*Idem*

43- CS/CA, Jugement n°186 du 26 septembre 2012, SCI SINAHA c/communauté urbaine de Yaoundé

44-NGOMSIK KAMGANG (J.), *Evolution dans la région de l'Afrique centrale des règles foncières et de l'urbanisme : L'exemple du Cameroun.* Thèse de doctorat : Droit public. Université de Limoges, Faculté de droit et de sciences économiques, Décembre 2012, p341.

Dans le cadre de cette étude, le Droit de l'urbanisme sera envisagé sous l'angle de **Pierre Soler-Couteaux** comme l'ensemble des règles et institutions établies en vue d'obtenir un aménagement de l'espace conforme aux objectifs d'aménagement des collectivités publiques[45].

Après s'être appesanti sur les notions de l'étude, il importe dès à présent de déterminer la problématique ainsi que l'hypothèse.

B- **La problématique et l'hypothèse**

La problématique est la question centrale que pose le sujet. **Michel BEAUD** la définit comme ***"l'ensemble construit autour d'une question principale, des hypothèses de recherche, et des signes d'analyse qui permettront de traiter le sujet choisi"***[46]. Il y a lieu de dire que relativement à ce sujet, le problème est le suivant : ***Quelle est la fonction du permis de construire dans le droit de l'urbanisme ?***

Cette préoccupation peut sembler banale de prime abord. Mais, à y regarder de plus près, elle revêt des composantes d'une importance capitale. Loin des préoccupations journalistiques, des débats prosaïques, il est question d'examiner le dispositif mis en œuvre afin d'opérationnaliser les règles d'urbanisme au Cameroun. Cela concerne aussi bien les administrés que les administrateurs.

L'étude de la fonction du permis de construire dans le droit de l'urbanisme implique une mise en évidence non seulement de son degré d'importance, mais également de force du permis. Il convient dès lors d'identifier ses caractères, non pas dans leur totalité, mais seulement ceux d'entre eux qui, effectivement aident à déterminer l'impact, l'envergure même du permis dans le droit de l'urbanisme. Autrement dit, seront mis en évidence dans le cadre de cette

---

45 - SOLER-COUTEAUX (P), *Droit de l'urbanisme*, Dalloz, 1996, p3-4.

46 -BEAUD (M), *L'art de la thèse*, Nouvelle édition, La Découverte, 2006, p.55.

étude, les caractères distinctifs essentiels du permis de construire, c'est-à-dire ceux qui font du permis de construire le plus pratique, voire le plus spécial des actes administratifs relatifs à l'utilisation du sol et à la construction.

L'observation de la législation en vigueur permet de se rendre compte que le permis de construire interagit avec les règles d'urbanisme. En tant qu'acte administratif, **le permis de construire permet de réglementer la construction d'immeubles.**

"L'étude scientifique est tributaire d'une méthodologie jointe à un objet"[47]. C'est la raison pour laquelle, après avoir présenté l'objet de l'étude relative au permis de construire en droit de l'urbanisme, il devient nécessaire d'exposer la méthode et les axes à adopter.

LA MÉTHODE ET LES AXES DE L'ÉTUDE

Il convient à ce niveau de présenter d'abord la méthode de ce travail (A), et d'indiquer ensuite les axes choisis (B).

A-La méthode de l'étude

La méthode est au cœur de toute œuvre scientifique tant il est vrai que la méthode éclaire les hypothèses et détermine les conclusions.[48]Les méthodes varient en fonction du domaine de recherche.

Les pistes à suivre relativement à cette étude sont nombreuses, ce travail de recherche englobe les acteurs privés, publics. Cette étude concerne aussi les biens publics et privés. Le champ de recherche implique indubitablement le droit public et le droit privé. Pour mener à bon terme notre

---

47-ABANE ENGOLO (P-E), *L'application de la légalité par l'administration au Cameroun*, Thèse de doctorat/PHD en droit public, université de Yaoundé II, 2009, p.25.

48-KAMTO (M), *Droit et pouvoir en Afrique : essai sur les fondements du constitutionnalisme dans les Etats d'Afrique noire francophone*, Paris, LGDJ, Bibliothèque Africaine et Malgache, 1987, P47.

étude, le processus méthodologique choisi est la méthode juridique.

En effet, elle consiste en une double démarche. Dans un premier temps, il s'agit d'une analyse des textes juridiques et deuxièmement, c'est plutôt une exploration de leurs conditions d'édictions, les interprétations et l'application qui en est faite par les principaux concernés, à savoir les acteurs sociaux, véritables destinataires de la règle de droit.

La méthode juridique, approche systémique intégrant deux voies, nous permettra d'envisager de manière claire, globale sans rien laisser au hasard, toutes les implications qui découlent de l'importance du permis de construire dans les règles régissant l'urbanisme au Cameroun ; en France.

Cette méthode alterne dogmatique et casuistique. En fait, la dogmatique permet de comprendre le sens formel de la règle de droit et la casuistique renseigne sur la confrontation de cette dernière au réel.

La dogmatique est l'étude juridique consistant à arriver à un résultat sur la base des textes et des éléments écrits.[49]Elle vise dans cette étude à faire ressortir les règles juridiques applicables au permis de construire ; en matière d'urbanisme au Cameroun, ainsi qu'en France. Elle a pour but l'analyse et l'intégration des textes et écrits de la doctrine ; des textes de droit sur le permis de construire, les règles d'urbanisme.

Quant à la Casuistique, « cette méthode s'intéresse davantage au droit positif, au droit réellement en vigueur. Ce faisant, elle se penche sur la manière dont le droit est appliqué par les différentes parties prenantes : L'administration d'une part, les cours et le tribunaux, d'autre part ». Elle tend

---

49 - ABANE ENGOLO (P-E), L'application *de la légalité par l'administration au Cameroun,* op.cit., p30.

alors à relever que le droit n'est pas seulement dans les lois matérielles, mais qu'il est aussi un produit juridictionnel.[50]

Cette méthode nous permettra de mieux meubler notre argumentaire en mettant en exergue les minutes du greffe de la Chambre Administrative de la Cour Suprême du Cameroun, du Conseil d'État et des tribunaux en France. Seront aussi utilisés les cas pratiques d'Afrique de l'ouest, d'Afrique centrale ; d'Europe et d'Amérique.

B- Les axes du sujet

Le permis de construire dans divers États semble encore véritablement relever du mythe auprès de l'administré ; état de fait très paradoxal eu égard du rôle joué par celui-ci dans le respect des règles d'urbanisme. Il ne s'agit donc pas dans la présente étude de présenter de sempiternels discours sur le permis de construire ni encore moins de dégager les grandes orientations sur l'action des États en matière d'urbanisme.

Pour répondre à la préoccupation de la fonction du permis de construire dans le droit de l'urbanisme, cette étude s'articulera autour de deux points focaux. D'une part, le permis de construire sera appréhendé comme instrument participant à la titrisation de la propriété foncière (I), d'autre part, le permis de construire sera examiné comme instrument de contrôle par l'administration de la destination foncière (II).

---

50 - EBANG MVE (U.N.), *Le titre foncier au Cameroun : Recherche sur la spécificité d'un acte administratif unilatéral*, Thèse de doctorat PHD en droit public, Université de Yaoundé II, Faculté de Sciences juridiques et politiques, Département de Droit public interne, 2010, P10-11.

- I -
LE PERMIS DE CONSTRUIRE, UN ACTE PARTICIPANT A LA CERTIFICATION FONCIÈRE

Alexandre de St Exupéry disait : « Nous ne léguons pas la terre à nos enfants, nous la leur empruntons ». En tant qu'objet emprunté, la terre nécessite un très grand soin de la part de l'administration. L'utilisation du permis de construire par l'administration au Cameroun, en France et dans divers États renvoie ainsi à cet aspect organique de protection de la terre.

La protection de la terre est alors conditionnée par une certification par l'administration. Il semble ainsi important de résoudre la question de la manière avec laquelle le permis de construire participe à la certification foncière. A l'observation, il est nécessaire d'examiner d'une part la certification à travers le permis de construire (**A**), et d'autre part d'appréhender la technique de certification par le biais du permis de construire (**B**).

A- LA CERTIFICATION FONCIÈRE A TRAVERS LE PERMIS DE CONSTRUIRE

La certification à travers le permis de construire est un choix répondant à l'intérêt général.

Il faut identifier ici : Le permis de construire comme acte contribuant à la certification foncière (1), et aussi Le permis de construire comme acteur clé de la certification foncière (2).

1- Le permis de construire comme acte contribuant à la certification foncière

La contribution du permis de construire à la certification foncière est le fait de certaines formalités. La première est à l'évidence la composition du dossier (**a**) qui est un préalable indispensable. La seconde est inhérente à la délivrance même du permis de construire (**b**).

a- L'apport du permis du fait de la composition du dossier

La composition du dossier de permis de construire met en exergue des points majeurs. Le premier point est bien évidemment un titre foncier qui est un élément fondamental, toutefois, il est accompagné des levés topographiques.

❖ **La nécessité d'un certificat de propriété**

La titrisation foncière a été introduite au Cameroun par le législateur de 1932. Le certificat de propriété dans l'obtention du permis de construire est indispensable pour le propriétaire du terrain, sauf que dans certains cas particuliers, ce préalable s'avère aussi primordial pour le non propriétaire du terrain.

➢ **L'obligation d'un titre foncier pour le propriétaire du terrain**

Le fait d'être propriétaire, légalement reconnu d'un terrain ne dispense pas du permis de bâtir quand on veut construire sur son lot ; bien au contraire. Le permis de bâtir doit être établi au nom du propriétaire du terrain qui est en même temps le propriétaire de la future maison à construire[51].

Il faut joindre à la demande de permis de bâtir un certificat de propriété, établi et délivré par le service provincial des domaines compétent. Ce certificat de propriété, appelé Titre foncier est la pièce maîtresse dans la demande de permis de construire lorsque la personne sollicitant le permis de bâtir est propriétaire.

En 1974, le titre foncier, dans le régime de l'immatriculation, devient le seul acte officiel de certification de la propriété immobilière. Les décrets de 1976 et de 2005 vont le confirmer et donner à ce titre sa mesure. Assimilé à l'acte de naissance d'un immeuble, il est considéré comme la copie authentique de la page du livre foncier relatif à l'immeuble immatriculé et attestant de la propriété[52].

51-**TIENTCHEU NJIAKO** (A), *Droits fonciers urbains au Cameroun*, P.U.A., 2003, p 314.

52-EBANG MVE (U.N.), *Le titre foncier au Cameroun : Recherche sur la spécificité d'un acte administratif unilatéra*l, Thèse de doctorat

➢ L'exigence d'un certificat de propriété pour le non-propriétaire du terrain

Dans la procédure d'obtention du permis de bâtir, la demande doit comprendre un certificat de propriété au nom du demandeur. Mais les cas suivants font exception à cette exigence.

On peut avoir tout d'abord le demandeur qui a bénéficié d'une concession sur un domaine national comme prévu par l'article 4 du décret du 27 Avril 1976.[53]Dans cette concession provisoire, le bénéficiaire n'est pas encore bénéficiaire du terrain qui lui est attribué.

Mais s'il veut y effectuer des constructions, dans son dossier de demande de permis de bâtir, l'arrêté du Ministre de l'Urbanisme et de l'Habitat ou le décret présidentiel lui accordant la concession fera office de certificat de propriété[54].

Il peut s'agir ensuite du permis du bâtir de précaire. Selon l'article 39 du décret de 1969[55], « lorsqu'une parcelle est réservée par un plan d'urbanisme au passage d'une voie publique, à l'aménagement d'un espace libre ou à édifier ou à l'installation d'un service public et que la construction a un caractère précaire, le permis de construire peut-être accordé par arrêté municipal après avis du Secrétaire d'État aux travaux publics ou de son délégué en urbanisme et construction ».

PHD en droit public, Université de Yaoundé II, Faculté de Sciences juridiques et politiques, Département de Droit public interne, 2010, P5,18.

53-Décret N°76-166 du 27 Avril 1976 fixant les modalités de gestion du domaine national.

54-**TIENTCHEU NJIAKO** (A), *Droits fonciers urbains au Cameroun*, op cit.

55 -Décret N°69/59/COR du 30 Avril 1968 du Cameroun oriental relatif à la construction.

L'on envisagera enfin le cas de contrat de superficie. Ici, le propriétaire du terrain ne perd pas son droit. Mais pendant la durée du contrat, son cocontractant jouit d'un droit réel sur ce même terrain[56]. Il est donc logique pour lui de se faire délivrer un permis de bâtir en son propre nom s'il veut ériger des constructions. Etat de fait que la jurisprudence camerounaise rejette formellement notamment celle ***Kuemo Michel***[57].

❖ **Les levés topographiques dans la contribution du titre à la certification**

Les levés topographiques sont un élément déterminant du dossier ; permettant d'identifier les caractéristiques du projet ainsi que son insertion urbaine, intégrant les divers aspects environnementaux du projet.

Il importe de distinguer ici : Les plans de situation et de masse, mais aussi les plans de l'immeuble.

➢ **Les plans de situation et de masse**

Les plans de situation du terrain doivent être à l'échelle 1/5000è. Tous les autres plans doivent concorder avec ces plans. Les contradictions du plan de situation avec les autres plans du dossier entachent d'illégalité le permis de construire[58].

Les plans de masse quant à eux sont à l'échelle 1/200è. A l'instar des autres plans, Ils sont obligatoires dans le dossier de demande de permis de construire ; même s'il s'agit seulement de modifier la façade[59].

Dans certains pays, notamment en France, l'omission du plan de masse n'entache pas la procédure d'irrégularité si

---

56 - **TIENTCHEU NJIAKO** (A), *Droits fonciers urbains au Cameroun*, op cit.

57 -TGI de Yaoundé, Jugement N°240 du 22 Janvier 1986 ; Kuemo Michel c/Yobot Ntonga Gabriel

58 -CE, 2 Mars 1983, Epoux Bellec, req. n°38731, *Lebon* T. 911, a contrario.

59 -CE 30 Avril 1982, Phely, req. N° 20570, *Lebon* T.784.

les plans et documents joints à la demande font apparaître toutes les dimensions du bâtiment projeté ainsi que toutes les caractéristiques du projet nécessaires à l'instruction de la demande[60].

Le plan de masse doit faire apparaître les plantations maintenues, supprimées ou créées ; il doit aussi indiquer les modalités selon lesquelles les bâtiments ou ouvrages seront raccordés aux réseaux publics, ou à défaut d'équipements publics, les équipements privés prévus, notamment pour l'alimentation en eau potable et l'assainissement[61]. Si le terrain n'est pas directement desservi par une voie ouverte à la circulation publique, le plan de masse indique l'emplacement et les caractéristiques de la servitude de passage permettant d'y accéder[62].

➢ **Les plans de l'immeuble**

Les plans de l'immeuble sont à l'échelle 1/50è. Ils englobent les plans de fondation, distribution, toitures, coupes, façades et de structure.

Lorsque le projet a pour effet de modifier les façades ou les toitures d'un bâtiment existant, les plans font apparaître l'état initial et l'état futur. Le plan de coupe précise l'implantation de la construction par rapport au profil du terrain.

---

60 -CE, 6 Avril 1990, req n° 94152, NP, Mon. TP 22 Juin 1990, P.84- CAA Bordeaux, 9 décembre 2010, Assoc. Pour la protection du patrimoine rochelais, req. n° 10BX00804, NP.

61-**BOULISSET (P), ZARLI (S), PATRICK (L), DE CHANVILLE (V),** Permis *de construire 2013/2014*, 2ème édition, Delmas, 24/04/2013, p 104.

62-DROBENKO (B), *Droit de l'urbanisme 2014-2015 : Les conditions d'occupation du sol et de l'espace- L'aménagement et le contrôle de l'utilisation du sol et de l'espace-Le financement des équipements- Le contentieux*, Gualino, 19 août 2014, p 224.

L'absence du plan de coupe, tout comme des autres plans est de nature à entacher d'illégalité le permis de construire[63].

Dans certains cas, un document photographique permet d'apprécier l'insertion du projet de construction par rapport aux constructions avoisinantes et aux paysages, son impact visuel ainsi que le traitement des accès et du terrain. Deux documents photographiques permettent de situer le terrain respectivement dans l'environnement proche et, sauf si le demandeur justifie qu'aucune photographie de loin n'est possible, dans le paysage lointain. Les points et les angles de prise de vue sont reportés sur le plan de situation et de masse.

b- L'apport du permis du fait des exigences liées à la délivrance

L'apport du permis est perceptible tout d'abord par l'encadrement de la destination de l'immeuble, ensuite, par la prise en compte des aspects techniques.

❖ **L'encadrement de la destination de l'immeuble**

L'encadrement de la destination de l'immeuble s'opère par les exigences sur l'aspect des constructions et relatives aux fonds voisins (1), et aussi les sujétions relatives aux voies et emprises publiques (2).

➢ **Les exigences sur l'aspect des constructions et relatives aux fonds voisins**

Les règles relatives à l'aspect des constructions poursuivent essentiellement des objectifs esthétiques. Elles permettent de s'assurer de la bonne insertion de la construction dans le milieu environnant.

Bien plus, relativement aux fonds voisins, il s'agit d'éviter que la nouvelle construction entraîne une gêne anormale

63 -CAA de Marseille, 10 Février 1998, SCI Vista amena, req. N° 96MAO1620, NP, Gaz, Pal, 1999.1 Pan.37-confirmé par CE 27 Octobre 2000, SCI Vista amena, req. N° 195651, NP, Gaz. Pal. Septembre –Octobre 2001, P. 1645- CE 9 Juin 2004, De Ribas, req. n°248042, NP.

pour les constructions voisines qui doivent bénéficier d'un minimum d'ensoleillement[64].

➢ **Les sujétions relatives aux voies et emprises publiques**

Les obligations imposées relativement aux voies et emprises publiques sont liées en règle générale à la distance minimale entre la construction et les voies et emprises publiques.

Cette distance minimale est composée horizontalement de tout point de l'immeuble au point le plus proche de l'alignement opposé. Elle doit être égale ou supérieure à la hauteur H du bâtiment.

La règle de l'alignement en France a des origines très anciennes qui remontent à l'État Royal de 1607 dit « Sully ». Ce texte interdisait de construire sans s'être conformé à la procédure d'alignement.

En outre, une servitude de « *non aedificandi* » peut être instituée de part et d'autre des autoroutes et de certaines routes, pour assurer la protection du champ de visibilité de leurs usagers et aussi la protection des occupants des constructions contre le bruit causé par la circulation des véhicules. L'importance de cette servitude varie suivant que la construction est destinée ou non à l'habitation et à l'importance de la voie[65].

Il y a aussi les règles relatives à la localisation et à la desserte. Il s'agit de la desserte par les voies publiques ou par les voies privées qui doit être réalisée dans des conditions qui qui ne présentent pas de danger pour les usagers et qui correspondent à l'importance et à la destination de

---

64 - **TIENTCHEU NJIAKO** (A), *Droits fonciers urbains au Cameroun*, op cit., p 343.

65 - **TIENTCHEU NJIAKO** (A), *Droits fonciers urbains au Cameroun*, op cit., p 343.

l'immeuble. La violation de ces obligations et sujétions expose le bénéficiaire du permis à un certain nombre de sanctions en fonction des différentes infractions[66].

❖ **La prise en compte des aspects techniques**

La prise en compte des aspects techniques fait référence tout d'abord aux cas de refus de permis de bâtir ; cependant il y a aussi l'octroi conditionné du permis de construire.

➢ **Les cas de refus du permis de bâtir**

Le permis de bâtir peut-être refusé si les travaux projetés ne sont pas conformes aux dispositions en vigueur ou aux règles d'alignement, de nivellement fixées par l'autorité compétente.

On distingue ainsi d'abord les cas de surélévation ou de modification de bâtiments frappés d'alignement ou situés sur un terrain où la construction est interdite.

Ensuite, il y a les cas d'espèce où les moyens d'approche ne permettent pas une lutte efficace contre l'incendie ; ou encore l'absence de prévision d'aménagement permettant le stationnement hors des voies publiques des véhicules correspondant aux besoins prévisibles de l'immeuble.

Enfin, le permis de construire peut-être refusé pour toute construction prévue sur un terrain qui ne serait pas normalement desservi par des voies publiques ou privées, dans les conditions répondant à l'importance et la destination de l'immeuble.

Dans ce dernier cas, le maire peut accorder un permis conditionnel si l'aménagement de telles voies est prévu dans un avenir proche par la municipalité[67].

➢ **L'octroi conditionné du permis de construire**

Les conditions d'octroi sous motifs du permis de construire sont fixées dans des cas assez spécifiques. Les articles

---

66 -Idem

67 - **TIENTCHEU NJIAKO** (A), *Droits fonciers urbains au Cameroun*, op cit., p332.

37 et 39 du décret du 30 Avril 1968[68]prévoient ainsi l'octroi sous condition de permis de construire.

Il en ainsi pour les terrains exposés à des risques naturels particuliers tels que : L'inondation, affaissement, éboulement, érosion, l'effondrement et dont les limites sont fixées par le Secrétaire d'État aux travaux publics ou le Ministre de l'urbanisme et de l'habitat.

L'article 37 s'intéresse aux cas spécifiques dans lesquels l'adaptation des mesures propres à assurer immédiatement dans les lieux où des installations font défaut, le raccordement ultérieur aux réseaux publics de télécommunications, d'alimentation en eau, électricité, et d'assainissement.

Quant à l'article 39, il dispose que : « Lorsqu'une parcelle est réservée par un plan d'urbanisme au passage d'une voie publique, à l'aménagement ou d'un espace libre ou à l'installation d'un service public et que la construction à édifier a un caractère précaire, le permis de construire peut être accordé par arrêté municipal après avis du Secrétaire d'État aux travaux publics ou de son délégué en urbanisme et constructions ».

En tout état de cause, selon la position de la haute juridiction en 1970 dans l'affaire ***Ebode Onana Rigobert***[69], cette autorisation de bâtir est un permis précaire, susceptible de retrait ou d'annulation à tout moment, sans mise en demeure obligatoire et sans indemnité pour son titulaire[70].

Néanmoins, le permis de construire demeure un acteur clé de la certification foncière.

---

68 - Décret N°69/59/COR du 30 Avril 1968 du Cameroun oriental op cit.

69 - CFJ/CAY, arrêt n°7/CFJ du 18 Mars 1970, Ebode Onana rigobert c/ Commune de plein exercice de Yaoundé

70 -**TIENTCHEU NJIAKO** (A), *Droits fonciers urbains au Cameroun*, op cit., pp333-334.

2- Le permis de construire comme acteur clé de la certification foncière

Le rôle clé du permis de construire dans la certification foncière est perceptible à travers ses caractéristiques (a), mais aussi les droits réels conférés (b).

a- Son rôle majeur du fait de ses caractéristiques

Il importe d'examiner au préalable le permis de construire comme mesure de police administrative, avant de s'attarder sur les autres caractères.

- **Une mesure de police administrative**

Le fondement législatif sera d'abord observé, avant de s'attarder sur l'unilatéralité de l'acte.

- **Le fondement législatif**

En tant qu'autorisation administrative, le permis de construire limite l'exercice du droit de propriété. Aussi, conformément au préambule de la Constitution, a-t-il un fondement législatif qui figure à l'article 107 du Code de l'urbanisme.[71]

Quoi qu'il en soit, il n'appartient pas aux autorités administratives, au travers des règles qu'elles édictent dans les règlements des documents d'urbanisme, de subordonner la délivrance des permis de construire à des formalités non prévues par une disposition législative ou réglementaire.[72]

- **Un acte unilatéral**

L'octroi du permis relevant d'une décision unilatérale conditionnée par des textes, un particulier ne saurait invoquer un quelconque droit à obtenir cette autorisation du fait

---

71 -Loi N° 2004/003 DU 21 AVRIL 2004 régissant l'urbanisme au Cameroun.

72 - V. concl. J.-C. Bonichot sur CE, sect., 21 mars 1986, Copr. imm. Les Périades : AJDA 1986, p. 385. – sect., 3 déc. 1993, Ville Paris : Rec. CE, p. 340 ; BJDU 1/1994, p. 7, concl. J.-C. Bonichot ; Juris-Data n° 048358 ; JCP G 1994, IV, 385

d'"assurances" qui auraient pu être données en cours d'instruction par l'administration[73]. A *fortiori* ne peut-il y avoir aucun engagement contractuel de délivrer le permis, qui résulterait par exemple de la clause d'un acte de vente d'une propriété à l'État, en ce qui concerne la partie non vendue[74]. C'est là l'application d'une jurisprudence traditionnelle française selon laquelle l'exercice d'une compétence en matière de police administrative ne peut donner lieu à la passation d'un contrat[75].

❖ **Les autres caractères**

Il sera important d'observer ici son caractère réel, ensuite, son caractère préalable et d'ordre public.

➢ **Un acte à caractère réel**

La signification du caractère réel du permis de construire est la suivante : Le permis de construire n'est pas délivré en fonction de l'identité de la personne qui le demande, mais du terrain qui constitue l'assiette du projet. C'est ce qu'exprime la formule traditionnelle selon laquelle le permis a un "caractère réel ». Aussi la jurisprudence admet-elle depuis longtemps la possibilité de transférer le permis accordé à son bénéficiaire à une ou plusieurs autres personnes, sans qu'il y ait lieu de délivrer un nouveau permis.

Le caractère réel du permis de construire n'est pas absolu. Car, le permis de construire est une autorisation qui ne peut être délivrée qu'à une personne pouvant justifier d'une certaine qualité. Quiconque ne peut ainsi prétendre pouvoir bénéficier d'un permis de construire.

Ceci explique que la doctrine administrative ait toujours considéré que le transfert devait faire l'objet d'une décision de la part de l'autorité compétente pour délivrer le

---

73 -CE, 2 févr. 1977, Époux Charpentier : Rec. CE, tables p. 1002 et 1008 ; D. 1977, inf. rap. p. 204, obs. H. Charles

74 - CE, 10 mars 1989, Fournier : Dr. adm. 1989, comm. n° 224

75 - V. J. Moreau, Les " matières contractuelles " : AJDA 1998, p. 747

permis de construire. Cette analyse a été confirmée par le Conseil d'État statuant au contentieux. L'autorité compétente ayant la maîtrise de tous les éléments qui fondent la compétence d'un individu pour pouvoir jouir du permis de construire.

➢ **Un caractère préalable et d'ordre public**

Le permis de construire doit nécessairement être demandé et obtenu avant l'exécution des travaux de construction.

L'exécution de travaux sans permis constitue un délit réprimé au Cameroun. C'est aussi le cas dans divers pays à l'instar de la France où, l'obtention ultérieure d'un permis de régularisation ne fait pas disparaître l'infraction car les éléments de celle-ci s'apprécient au jour où elle est commise, quels que soient les événements ultérieurs[76] .

Le caractère d'ordre public se manifeste de la manière suivante : Le vendeur du terrain n'est tenu à aucune garantie à l'égard de l'acheteur en ce qui concerne le permis de construire, qui est un acte administratif unilatéral[77].

L'autorité administrative, ne peut ainsi, par convention, attribuer un permis de construire.

b- Son rôle majeur du fait des règles sanctionnées et des droits réels conférés

Il importe de s'appesantir au préalable sur les règles sanctionnées par le permis de construire, avant d'examiner les droits réels conférés

❖ **Les règles sanctionnées ou celles non sanctionnées**

---

76 -Cass. crim., 26 févr. 1964, Chaillan: Bull. crim., n°70. – 2 oct. 1981, Henry: Bull. Crim. n° 257; RD imm. 1982, p. 300, obs. G. Roujou de Boubée

77-DROBENKO (B), *Droit de l'urbanisme 2014-2015 : Les conditions d'occupation du sol et de l'espace- L'aménagement et le contrôle de l'utilisation du sol et de l'espace-Le financement des équipements- Le contentieux*, Gualino, 19 août 2014, p 218.

Il sera observé ici tout d'abord les règles sanctionnées, ensuite, celles qui ne sont pas sanctionnées.

➢ **Les règles sanctionnées**

Il s'agit ici des règles d'occupation et d'utilisation du sol. L'article 108 du code de l'urbanisme dispose très clairement que "le permis de construire ne peut être accordé que si les constructions projetées sont conformes aux dispositions législatives et réglementaires concernant l'implantation des constructions, leur destination, leur nature, leur architecture, leurs dimensions, leur assainissement et l'aménagement de leurs abords". Plus précisément, de telles dispositions peuvent être contenues dans des normes d'origine soit étatique, soit locale.

➢ **Les règles non sanctionnées**

Il s'agit d'une part des règles de droit public. Même si certaines règles de droit public peuvent avoir une incidence sur un projet de construction déterminé, en raison notamment de l'activité qui doit y être menée, elles ne sont pas sanctionnées par le permis de construire. Le juge administratif fait jouer le principe de l'indépendance des législations et en tire la conséquence que la méconnaissance de telle ou telle règle est inopérante à l'encontre du permis.

Il s'agit d'autre part des règles de droit privé. - Il y a indépendance entre les règles et servitudes de droit privé et le permis de construire. Celui-ci est toujours délivré " sous réserve des droits des tiers ". En d'autres termes, l'Administration ne saurait refuser le permis pour violation d'une servitude de droit privé, qu'elle soit d'origine légale[78] ou conventionnelle[79]. Il en est ainsi alors même que l'Administration sait que le projet porte effectivement atteinte à un droit réel[80].

❖ **Les droits réels conférés : L'interdiction des atteintes privées**

L'interdiction des atteintes privées vaut aussi bien pour les particuliers que pour les agents de l'administration ; mais elle peut s'accompagner d'action en démolition.

➢ **L'interdiction des atteintes privées**

La loi camerounaise est intransigeante à ce sujet. En effet, sont passibles d'une amende de 50 000 à 200 000 F et d'un emprisonnement de 2 mois à 3 ans ou d'une de ces peines seulement : Ceux qui exploitent ou se maintiennent sur un terrain sans autorisation préalable du propriétaire[81].

Dans ce cas, la juridiction compétente ordonne le déguerpissement immédiat à ses propres frais. En outre la mise en valeur réalisée sur ledit terrain sous forme de plantations, de constructions, ou d'ouvrages de quelque nature que ce soit est acquise de plein droit au propriétaire, sans aucune indemnité pour l'occupant.

Si le propriétaire du fonds exige la suppression des constructions, plantations ou ouvrages, celle-ci est exécutée aux frais de l'occupant et sans aucune indemnité pour ce dernier, qui peut en outre être condamné à des dommages

---

78 -CE, 28 janv. 1987, Épx Pautrat : Dr. adm. 1987, comm. n° 152, à propos d'une servitude de vue

79 -CE, 1er oct. 1976, Butel: Dr. adm. 1976, comm. n° 302. – 5 févr. 1988, Bartin : Dr. adm. 1988, comm. n° 166

80-CE, sect., 18 mars 1983, Siefert : Rec. CE, p. 130 ; AJDA 1983, p. 437, concl. D. Labetoulle, à propos d'un permis de régularisation d'un bâtiment qui empiétait sur la propriété du voisin

81 -Article 2 de la Loi n°80-22 du 14 juillet 1980 portant répression des atteintes à la propriété foncière domaniale

et intérêts pour le préjudice éventuellement subi par le propriétaire du fonds[82].

Les sanctions prévues ci-dessus sont applicables aux personnes qui, en violation de la législation en vigueur exploitent ou se maintiennent sur une parcelle du domaine privé de l'État, ou sur une dépendance du domaine public ou du domaine national.

Les poursuites devant les juridictions compétentes concernant les atteintes portées au domaine privé de l'État ou sur une dépendance du domaine public ou du domaine national ne peuvent être engagées que par l'Administration dans les conditions fixées par le décret[83].

La situation est similaire pour les agents de l'État convaincus de complicité dans les transactions foncières de nature à favoriser l'occupation irrégulière de la propriété d'autrui. Ils sont aussi passibles d'une amende et d'un emprisonnement[84].

Dans le cas visé ci-dessus et après mise en demeure restée sans effet pendant trente jours, le Préfet procède à la démolition des réalisations effectuées sur ladite dépendance. Il peut à cet effet requérir la force publique[85].

➢ **Les actions en démolition**

La juridiction compétente ordonne le déguerpissement immédiat à ses propres frais à l'encontre de ceux qui exploitent ou se maintiennent sur un terrain sans autorisation préalable du propriétaire[86].

En effet, Le bénéficiaire d'une réserve foncière est autorisé, après une mise en demeure restée sans effet, à procéder sans délai à la démolition des constructions et installations

---

82 - Article 3 de la Loi n°80-22 du 14 juillet 1980 op cit.

83 - Article 4 de la Loi n°80-22 du 14 juillet 1980 op cit

84 - Article 2 de la Loi n°80-22 du 14 juillet 1980 op cit

85 - Article 5 de la Loi n°80-22 du 14 juillet 1980 op cit

86 -Article 2 de la Loi n°80-22 du 14 juillet 1980op cit.

irrégulièrement érigées sur cette réserve[87]. La mise en demeure dans le cas d'espèce a une durée de trente jours. Passé ce délai, survient donc la démolition proprement dite.

La procédure de démolition sur le terrain en cause peut être l'œuvre du bénéficiaire de la réserve ou du Préfet de la localité qui procède, sur requête du représentant qualifié de ladite personne morale.

La procédure de démolition initiée par le bénéficiaire de réserve ou le préfet peut se faire de manière douce ou rigide. La douceur ou la rigidité sera fonction de la coopération montrée par les constructeurs irréguliers. Ainsi, si la situation s'avère quelque peu délicate, c'est-à-dire en cas de résistance de l'occupant, Ils peuvent, l'un comme l'autre, requérir l'assistance des forces de l'ordre.

Fort de ce qui précède, il apparaît nécessaire de donner un aperçu de la technique de certification par le permis de construire afin d'apprécier dans sa globalité la certification.

B- LA TECHNIQUE DE CERTIFICATION PAR LE PERMIS DE CONSTRUIRE

Le permis de construire participe à l'accomplissement des missions d'intérêt général de l'administration. Le permis de construire peut ainsi servir à la certification foncière, c'est-à-dire à l'attestation de conformité d'un terrain avec les constructions qui y seront faites.

Nécessité est dès lors faite d'identifier la procédure d'obtention du permis de construire (1), avant de présenter les différents intervenants dans l'obtention du permis de bâtir (2).

1- La procédure d'obtention du permis de construire

La procédure de délivrance du permis de construire est apparemment simple. Mais par le nombre de pièces exigées,

87 -Article 93 Loi du 21 Avril 2004 régissant l'urbanisme op cit.

c'est une procédure hérissée d'embûches pour les profanes[88].

L'octroi du permis de construire par l'administration est soumis à l'accomplissement de diverses formalités. Les premières sont bien évidemment les conditions de forme (**a**), les secondes sont relatives aux conditions de fond (**b**).

a- Les conditions de forme du permis de construire

Les conditions de forme consistent essentiellement en la qualité du demandeur, ainsi qu'au dossier de demande du permis de construire.

❖ La qualité du demandeur

L'auteur d'une demande de permis de construire doit justifier d'une certaine qualité pour pouvoir procéder à cette démarche[89]. Il peut s'agir au premier chef de la qualité de propriétaire du terrain, mais aussi de "titres habilitant à construire".

➢ La qualité de propriétaire du terrain

La demande de permis de construire peut être réalisée par le propriétaire terrain ou son mandataire.

Au Cameroun, le titre foncier est la certification officielle de la propriété immobilière[90].Il peut être acquis par cession à titre onéreux ou à titre gratuit ; peut aussi être obtenu à la suite de démembrement ou de fusion d'immeubles. En France, le titre de propriété permet de constater le droit de propriété.

88-MPESSA (A.), « Le permis de construire à l'épreuve de la pression foncière et du développement urbain au Cameroun », in *SOLON, Revue Africaine de parlementarisme et de démocratie*, Volume III, N°7, Août 2013,238p. P 51.

89-PRIET (F.), Fasc. 1311 : PERMIS DE CONSTRUIRE – Procédure 21535409, Février 2000.

90 -Article 1er du Décret n°76/165 du 27 Avril 1976 fixat les conditions d'obtention du titre foncier, modifié et complété par le Décret n° 2005/481 du 16 Décembre 2005.

Il peut s'agir d'une personne physique ou morale. Un arrêt du Conseil d'État en date de 1999 précisait : ''Rien n'empêche que deux propriétaires de terrains distincts mais contigus effectuent conjointement une telle démarche en vue de la construction d'un ou plusieurs bâtiments présentant une unité d'ensemble''[91].

Relativement à la personne physique, des précisions sont faites : En France, la personne physique peut être mineure[92], sa qualité de propriétaire pouvant être tirée d'un acte de donation-partage[93].

En outre, l'autorité administrative doit s'assurer que l'organe qui sollicite l'autorisation a bien qualité pour le faire. L'administration n'a ni à vérifier que le projet présenté correspond à l'objet social de la personne morale[94], ni à rechercher si la personne morale qui sollicite le permis a été régulièrement constituée car il ne lui appartient pas de contrôler la capacité civile des pétitionnaires[95]. La nature privée ou publique de la personne morale importe peu.

Par ailleurs, l'autorité administrative, informée de ce que le projet du pétitionnaire porte sur un immeuble en copropriété, il lui appartient d'exiger la production des autorisations auxquelles la loi, complétée le cas échéant par les stipulations du règlement de copropriété, subordonne l'exercice du droit de construire de chacun des copropriétaires; (...) il lui revient, en particulier, de vérifier si les travaux

---

91 - CE, 28 juill. 1999, SA HLM Le Nouveau Logis Centre Limousin : Dr. adm. 1999, comm. n° 264, note J.-H.S

92 -V. par analogie, TA Strasbourg, 18 mars 1994, Haeflinger : BJDU 3/1994, p. 38, concl. H. Blais

93 - CE, 4 févr. 1983, Philippe : RD publ. 1983, p. 1688

94 - CE, 22 mars 1978, Assoc. Sauvegarde de la Charente : Dr. adm. 1978, comm. n° 128

95 - CE, 13 mai 1988, Comité de défense des sites de la Turbie : Petites affiches 17 oct. 1988, p. 6. – TA Strasbourg, 9 nov. 1993, M. et Mme Hartmann : BJDU 2/1994, p. 66, concl. H. Blais)

mentionnés sur la demande de permis de construire affectent les parties communes ou l'aspect extérieur de l'immeuble, et nécessitent ainsi l'assentiment de l'assemblée générale des copropriétaires. Bien plus, il appartient à l'autorité compétente de rechercher à qui appartient le droit de construire au sein de la copropriété.[96]

Enfin, le Guide de l'usager sur le permis de construire du MINDUH ouvre la possibilité au propriétaire de présenter une demande de permis par l'intermédiaire d'un mandataire (architecte, géomètre, bureau d'études...). Le mandat doit être joint à la demande. Il peut être tacite, au moins dans le cas d'une demande présentée par une société gérante d'une autre[97]. Qu'en est-il des titres habilitant à construire ?

➢ **Les titres habilitant à construire**

La Loi régissant l'urbanisme au Cameroun ne définit pas cette notion, et c'est la jurisprudence administrative qui fournit les précisions indispensables.

Les titres généralement admis sont : la promesse de vente[98] ; le bail ordinaire, à condition d'avoir l'accord du propriétaire[99]; le bail emphytéotique[100] ; le bail à construction[101], le bénéficiaire de stipulations contractuelles[102], la

---

96 - PRIET (F.), Fasc. 1311 : PERMIS DE CONSTRUIRE, op cit.

97 - CE, sect., 17 déc. 1982, Sté Angelica-Optique Centraix : Rec. CE, p. 419, concl. B. Genevois

98 - CE, 24 avr. 1974, Min. aménag. Territoire, équip., log. et tourisme c/ Cts Fourel : Rec. CE, p. 251 ; JCP G 1974, II, 17765, note G. Liet-Veaux. – 9 févr. 1979, Comité de défense, d'action et de sauvegarde de Fontainebleau : Dr. adm. 1979, comm. n° 89

99 - TA Strasbourg, 27 juin 1975, Dlle Schmitt : Rec. CE, tables p. 1319. – V. aussi CE, 14 déc. 1981, Cts Kanoui : Rec. CE, p. 471

100 -CE, 22 nov. 1985, Faure : RD imm. 1986, p. 63, chron. Y. Gaudemet et D. Labetoulle

CE, 26 févr. 1988, Assoc. Pour la sauvegarde du parc de Saint-Leu : Rec. CE, p. 89);

101 - CE, 15 juin 1992, Synd. dptal d'équipement de l'Ardèche : CJEG 1992, p. 426, concl. M. de Saint-Pulgent

102 - CE, 21 déc. 1994, Cne Saint- Lary-Soulan : Rec. CE, p. 580

personne mineure qui a l'accord du propriétaire du terrain[103]. En outre sont aussi acceptés le riverain unique d'un chemin rural[104], la personne ayant la qualité de bénéficiaire de l'expropriation. Le titulaire d'un titre d'occupation du domaine public n'est pas en reste.

L'article R. 421-1-1 du Code de l'urbanisme en France, dispose en son troisième alinéa que "lorsque la construction est subordonnée à une autorisation d'occupation du domaine public, l'autorisation est jointe à la demande de permis de construire".

❖ **Le dossier de demande du permis de construire**

Le dossier de demande du permis de construire varie selon la nature du lot sur lequel la construction doit être effectuée. Il peut ainsi s'agir d'un Lot titré ou des lots de type communal ou MAETUR.

➢ **Composition du dossier de demande de permis de construire pour Lot titré**

La spécificité de ce dossier tient à sa globalité. En effet, le dossier de demande regorge de multiples pièces dont : La demande timbrée ; le certificat de propriété ; le certificat d'urbanisme, les plans de situation et de masse ; les plans de l'immeuble ; les devis descriptif et estimatif sans oublier le plan de fosse septique –puisard.

La demande timbrée est fournie par la commune ou communauté concernée. Doivent y être apposés : Un timbre fiscal et deux timbres communaux.

Bien plus, Celle-ci doit préciser : L'identité du demandeur, l'identité et la qualité de l'auteur du projet, la situation et la superficie du terrain, l'identité de son propriétaire au cas où celui-ci n'est pas l'auteur de la demande, la nature

---

103 - TA Strasbourg, 18 mars 1994, Haeflinger : BJDU 3/1994, p. 38, concl. H. Blais

104 - CE, 5 mai 1999, Ville Bayonne : BJDU 3/1999, p. 221, concl. E. Honorat ; Dr. adm. 1999, comm. n° 208

des travaux et la destination des constructions et la densité de construction.

L'absence de certaines mentions exigées par les formulaires de demande de permis peut entacher d'illégalité l'autorisation[105].

Le certificat de propriété est bien celui du terrain sur lequel la construction est projetée. Il doit provenir du service provincial des domaines.

Le certificat d'urbanisme doit quant à lui être obtenu auprès du service provincial de l'urbanisme. Le certificat d'urbanisme est un document d'information sur les règles d'urbanisme et les servitudes administratives auxquelles est assujetti un terrain. Il indique, si, compte tenu des dispositions d'urbanisme et des limitations administratives au droit de jouissance applicable à un terrain, ainsi que de l'état des équipements publics existants ou prévus, ledit terrain peut : être affecté à la construction ou, être utilisé pour la réalisation d'une opération déterminée.

Le certificat d'urbanisme est obligatoire pour toute transaction immobilière et doit être joint toute demande d'utilisation du sol. Il n'est pas obligatoire pour les concessionnaires de services publics, qui doivent soumettre leurs dossiers techniques au visa des services locaux de l'urbanisme ou ceux chargés des questions urbaines selon le cas, dans les conditions fixées par décret.

Le certificat d'urbanisme est délivré par le maire de la commune concernée si elle est dotée d'un document de planification, après avis technique des services locaux de l'urbanisme ou ceux chargés des questions urbaines selon le cas, dans les conditions fixées par décret[106].

---

105 - CAA Nancy, 31 déc. 1997, Min. équip., transports et tourisme c/ Laquel : Dr. adm. 1998, comm. n° 183, absence de mention de l'inclusion du terrain dans un lotissement

106 -Article 101 de la Loi du 21 Avril 2004 régissant l'urbanisme, op cit.

Le plan de situation est réalisé à l'échelle 1/5000 ou l'échelle du cadastre indiquant clairement la position du terrain, la nature et la longueur des voies d'accès.

Le plan de masse, qui doit être visé par le cadastre est effectué à l'échelle 1/200 ou l'échelle supérieure. Il comporte notamment : L'orientation, les limites du terrain et l'indication de sa superficie, les courbes de niveau, l'implantation, la hauteur et le nombre d'étages des constructions projetés.

Les plans de l'immeuble sont faits à l'échelle 1/50. Ils comprennent en outre la fondation, distribution, toitures, coupes, façades.

En plus de tous ces plans, sont aussi nécessaires : Le devis descriptif, le devis estimatif, sans omettre le plan de fosse septique-puisard, un système d'assainissement.

Une mention spéciale permet de noter que le dossier est à présenter en quatre ou cinq exemplaires respectivement si la surface cumulée des planchers est inférieure ou supérieure à 400 m2. En outre, il est souligné que chaque exemplaire est présenté dans une chemise cartonnée le tout dans une chemise à sangle de couleur kaki. Le dossier est ensuite déposé au Bureau du courrier à l'hôtel de ville correspondant au lieu de résidence du constructeur.

Les constructions de faible importance bénéficient en principe d'une exception. Comment est constitué le dossier pour les lots de type communal ou MAETUR ?

➢ **Composition du dossier de demande de permis de construire pour lots de type communal ou MAETUR**

Pour le lot de type communal ou le lot de type MAETUR, les pièces suivantes sont exigées : La demande timbrée ; l'original ou la copie certifiée conforme de l'arrêté d'attribution provisoire, les plans de situation et de masse ; les plans de l'immeuble ; les devis descriptif et estimatif sans oublier le plan de fosse septique –puisard.

Dans les deux cas, lot communal ou MAETUR, une mention spéciale permet aussi de noter que le dossier est à présenter en quatre ou cinq exemplaires respectivement si la surface cumulée des planchers est inférieure ou supérieure à 400 m2. En outre, il est souligné que chaque exemplaire est présenté dans une chemise cartonnée le tout dans une chemise à sangle de couleur kaki. Le dossier est ensuite déposé au Bureau du courrier à l'hôtel de ville correspondant au lieu de résidence du constructeur.

Qu'il s'agisse d'un lot titré, communal ou de type MAETUR, pour les bâtiments recevant du public, la demande de permis de construire doit comporter en annexe des notes de calcul des structures et corps d'état secondaires visés par les ingénieurs inscrits au tableau des ordres professionnels concernés. Les bâtiments de hauteur supérieure ou égale à dix mètres au-dessus des fondations ou situés dans les zones à risque doivent en outre comporter les notes de calcul des structures et corps d'état secondaires ; un rapport d'études géotechniques du sol et un projet d'exécution[107].

Bien plus, des pièces particulières peuvent être exigées ; notamment une étude d'impact, sorte d'étude écologique qui évalue les conséquences des projets, travaux, aménagements publics ou privés, d'une certaine importance sur l'environnement. Une décision d'agrément peut être nécessaire pour certains travaux concernant les installations classées.

Lorsque les conditions de forme sont remplies, les conditions de fond peuvent alors être mises en œuvre par le demandeur du permis de construire.

b- Les conditions de fond du permis de construire

Les conditions de fond du permis de construire en général font référence à l'instruction de la demande et aux délais et à la délivrance du permis.

107-Décret N°2013/0042 /PM du 23 Janvier 2013 modifiant et complétant certaines dispositions du décret N°2008/0739/PM du 23 Avril 2008 fixant les règles d'utilisation du sol et de la construction

- **La présentation et l'instruction de la demande**

Le permis de construire débute par la présentation de la demande, s'ensuit dès lors l'instruction.

- **La présentation de la demande**

Les exemplaires du dossier de demande de permis de construire contenant toutes les pièces ci-dessus mentionnées sont alors déposés à la mairie ou à la communauté urbaine dans laquelle la construction est envisagée[108].Le dépôt de la demande dans une commune ou communauté autre que celle dans laquelle la construction est envisagée ne serait ni valide, ni acceptable du fait du principe de compétence *rationae locci.*

Après dépôt en mairie ou à la communauté urbaine, la demande est transmise à un certain nombre d'autorités. En effet, le Maire envoie la demande et le dossier avec son avis et ses observations au Délégué provincial de l'urbanisme. Ce dernier procède à l'instruction technique du dossier avec les services intéressés. L'instruction proprement dite peut alors commencer.

- **L'instruction de la demande**

Au Cameroun, comme dans divers autres pays à l'instar de la France, le déroulement de l'instruction débute par la vérification de la complétude du dossier. Si le dossier est complet, l'administration adresse au demandeur, dans les quinze jours de la réception de la demande en mairie, une lettre de notification par courrier recommandé avec accusé de réception, dont l'objet est double. Elle indique d'une part le numéro d'enregistrement de la demande, d'autre part et surtout la date avant laquelle la décision devra lui être notifiée, compte tenu des délais réglementaires d'instruction[109].

Si le dossier est incomplet, Dans cette hypothèse, le service instructeur, dans les quinze jours de la réception de la demande, invite le pétitionnaire, par lettre recommandée

---

108-Guide de l'usager sur le permis de construire, MINDUH.

109-C. urb., art. R. 421-12, 1er al

avec demande d'avis de réception postal, à fournir les pièces manquantes, ou des exemplaires supplémentaires du dossier[110]

Cette vérification de la ‘complétude ou non du dossier’ passée, le service chargé de l'instruction "recueille auprès des personnes publiques, services ou commissions intéressés par le projet, les accords, avis ou décisions prévus par les lois ou règlements en vigueur"[111]. Rien n'empêche toutefois le service de procéder à des consultations non prévues par les textes.

❖ **Les délais et la délivrance du permis de construire**

L’obtention du permis de construire se produit à l’issue de divers délais, avant sa délivrance proprement dite.

➢ **Les délais**

Au Cameroun, le délai d’instruction de la demande de permis de construire est fixé à trente (30) jours à compter de la date du dépôt du dossier.

Le permis de construire est réputé acquis à l’issue de trente (30) jours si aucune décision de rejet n’a été notifiée au demandeur.

Dans certains pays, le délai d’instruction est quelque peu différent. Pour s’appesantir sur le cas de la France, Le délai d'instruction commence à courir à compter de l'une des trois dates suivantes : soit la date de réception de la demande en mairie, telle qu'elle est attestée par la décharge de la mairie ou par l'avis de réception postal ; soit la date de réception des pièces manquantes en mairie ; soit encore la date de réception de la mise en demeure, telle qu'elle figure sur l'avis de réception postal.[112]

---

110 - PRIET (F.), Fasc. 1311 : PERMIS DE CONSTRUIRE, op cit

111 - C. urb., art. R. 421-15, 1er al

112 - C. urb., art. R. 421-12, 1er al. ; R. 421-13, 1er al. et R. 421-14, al. 2

En outre, Le délai d'instruction de base est fixé à deux mois.[113]Ce délai est majoré d'un mois dans trois cas : lorsqu'il y a lieu de consulter un ou plusieurs services ou autorités dépendant de ministres ou personnes publiques autres que ceux chargés de l'instruction ou de la prise de décision ; lorsqu'une commission régionale ou départementale doit être consultée ; lorsqu'il y a lieu d'instruire une dérogation ou une adaptation mineure.

Par ailleurs, des délais spéciaux ont aussi été établis. Ils peuvent s'appliquer en raison de la complexité de certains dossiers, espaces protégés, installations classées.

D'autre part, la seule expiration du délai de quinze jours ne suffit pas à faire courir le délai à l'issue duquel est susceptible de naître une autorisation tacite.[114]Un risque d'inertie administrative que le décret n° 83-1261 du 30 décembre 1983 a assoupli en introduisant le mécanisme de la "requête en instruction" prévu à l'article R. 421-14 du code de l'urbanisme français.

Selon le mécanisme de la « requête en instruction », si, dans les quinze jours qui suivent le dépôt de sa demande, le pétitionnaire n'a pas reçu la lettre de notification, il peut requérir de la part de l'autorité compétente l'instruction de sa demande, par lettre recommandée avec demande d'avis de réception postal. Copie de cette mise en demeure doit être adressée au préfet. Lorsque la lettre prévue à l'article R. 421-12 n'a toujours pas été notifiée dans les huit jours de l'avis de réception postal de la mise en demeure, le délai d'instruction part de la date de cet avis de réception telle qu'elle figure sur ledit avis. Seul l'exercice d'une telle mise

---

113 - C. urb., art. R. 421-18

114-CE, 8 févr. 1978, Audon : Rec. CE, p. 60 ; D. 1978, jurispr. p. 709, note H. Charles ; JCP G 1979, II, 19234, note G. Liet-Veaux. – 5 oct. 1979, Milon : Rec. CE, p. 366 ; D. 1980, inf. rap. p. 631, obs. H. Charles ; Gaz. Pal. 1979, 2, p. 689, note M. Ricard

en demeure est de nature à permettre d'obtenir le bénéfice d'une autorisation tacite.

➢ **La délivrance du permis**

Au Cameroun comme en France et dans divers États, la décision de délivrance du permis peut se présenter sous cinq formes : expresse, tacite, assortie de conditions, le refus, le sursis à statuer.

La délivrance expresse du permis de construire est prise par arrêté notifié à l'intéressé. Quant à la délivrance tacite, Le silence gardé pendant 45 jours par l'autorité compétente vaut permis tacite qui peut être retiré dans le délai du recours contentieux.[115]

S'agissant de la délivrance assortie de conditions, l'administration peut soumettre l'autorisation à des conditions imposées aux constructions. Ces conditions peuvent être des obligations de police spéciale, ou alors, il peut s'agir des prestations mises à la charge des constructeurs.

Dans les obligations de police spéciale, le permis peut être subordonné à la réalisation des mesures spéciales qu'il énumère en cas de construction sur les terrains qui sont exposés à des risques naturels particuliers, tels qu'inondations, affaissement, éboulement. Et les limites sont déterminées par des arrêtés municipaux après avis du MINDUH ou de son délégué local.

Les prestations mises à la charge des constructeurs sont des mesures propres à assurer immédiatement dans les lieux où ces installations font défaut, le raccordement ultérieur aux réseaux publics de télécommunication, d'alimentation en eau et en électricité, et d'assainissement.

Diverses raisons peuvent être évoquées pour un refus du permis de construire. Peuvent être citées : La surélévation

115 -GUIFFO (J-P), *Le droit de l'urbanisme et de la construction au Cameroun*, Essoah, 2007, p164.

ou la modification de bâtiments frappés d'alignement ou situés sur un terrain où la construction est interdite ; les travaux projetés non conformes aux dispositions en vigueur.

Enfin, l'administration peut surseoir à statuer dans le cas des mesures de sauvegarde[116].

En plus de l'examen des diverses règles procédurales inhérentes au permis de construire, il faut pouvoir identifier les différents acteurs qui interviennent dans l'obtention du permis de construire.

2- Les intervenants dans l'obtention du permis de bâtir

Le permis de construire est soumis à l'intervention de différents acteurs. Depuis l'avènement des Lois de décentralisation en 2004, la procédure d'obtention du permis de construire a été allégée.

Il convient ainsi de distinguer les acteurs publics (**a**), et les acteurs privés (**b**).

a- Les acteurs publics

Diverses missions sont allouées au MINFOF ; il les réalise à travers des actions spécifiques.

Les acteurs publics regroupent entre autres Le maire, le délégué du gouvernement ; bien plus, il existe les services provinciaux.

- **Le maire ou le délégué du gouvernement**

Le maire ou le délégué du gouvernement coordonnent la procédure de délivrance du permis de bâtir. Ainsi, dès que le dossier est déposé au bureau du courrier, il reçoit la signature du maire, ou celle du délégué du gouvernement.

- **Le maire**

Le maire est le chef de l'exécutif communal, il est assisté d'adjoints dans l'ordre de leur élection. La commune

116 -*Idem*

a une mission générale de développement local et d'amélioration du cadre et des conditions de vie des habitants.[117]

Depuis l'entrée en vigueur des lois de décentralisation en 2004, le maire est compétent au nom de la commune. Le maire peut aussi déléguer sa compétence à un adjoint. Une telle délégation n'a pas lieu d'être quand le maire se trouve empêché : celui-ci est alors provisoirement remplacé dans la plénitude de ses fonctions par un adjoint, dans l'ordre des nominations. Le juge administratif vérifie que l'ordre des adjoints a bien été respecté.[118]

Diverses attributions sont reconnues au maire. Il représente la commune dans les actes de la vie civile et en justice. A ce titre, il assure les compétences transférées aux communes notamment en matière de la planification, de l'aménagement du territoire, de l'urbanisme et de l'habitat. Il est ainsi chargé sous le contrôle du conseil municipal entre autres de délivrer les permis de bâtir et de démolir ainsi que les autorisations d'occupation des sols[119].

- **Le délégué du gouvernement**

Certaines agglomérations urbaines, en raison de leur particularité, peuvent être érigées en communautés urbaines par décret du président de la République.[120]Un délégué du gouvernement nommé par décret du Président de la République exerce la plénitude des fonctions et des attributions dévolues au maire à la tête de la communauté urbaine. Il est assisté d'adjoints nommés par arrêté du Président de la République.[121]

---

117 - Article 3, Loi N°2004/018 du 22 Juillet 2004 fixant les règles applicables aux communes.

118 - CE, 22 mars 1992, Mme Duguet : Rec. CE, tables p. 1387

119 -Article 72, Loi N°2004/018 du 22 Juillet 2004 fixant les règles applicables aux communes.

120 - Article 109, Loi N°2004/018 du 22 Juillet 2004 fixant les règles applicables aux communes.

121 - Article 115, Loi N°2004/018 du 22 Juillet 2004 fixant les règles applicables aux communes.

Cela étant, le délégué du gouvernement est ainsi chargé sous le contrôle du conseil de la communauté urbaine entre autres de délivrer les permis de bâtir et de démolir ainsi que les autorisations d'occupation des sols.

Des services associés complètent l'action du maire et du délégué du gouvernement.

❖ **Les services associés**

Divers services interviennent dans le processus de délivrance du permis de construire après dépôt du dossier au bureau du courrier : Il peut s'agir des services municipaux, ou des organismes extérieurs.

➢ **Les services municipaux**

Dans le cadre des services municipaux, on peut citer entre autres : Le bureau des permis de bâtir, les services techniques municipaux, le bureau d'hygiène urbaine.

Le bureau des permis de bâtir vérifie la régularité et le contenu du dossier de permis de bâtir. Il fait ensuite délivrer par le maire un récépissé de dépôt[122].

Après délivrance du récépissé de dépôt, les services techniques de la mairie peuvent entamer leur mission. Les services concernés ici sont en particulier ceux de l'architecture et de la voirie.

L'architecte descend sur le terrain pour s'assurer de la viabilité de ce dernier. Il s'assure que le projet est en conformité avec le plan directeur d'urbanisme selon la zone où la construction va être faite. Il vérifie aussi la justesse du devis estimatif de la construction, devis sur la base duquel vont être calculés les frais de permis de bâtir à verser à la mairie par le bénéficiaire.[123]

---

122 - **TIENTCHEU NJIAKO** (A), *Droits fonciers urbains au Cameroun*, P.U.A., 2003, p 329.
123-*Idem*

Le service de l'architecture s'assure aussi que l'implantation du bâtiment respecte l'alignement sur les rues existantes ou celles qui sont à aménager. Après cette étape, le dossier est transféré au service d'hygiène.

Le service d'hygiène va sur les lieux pour s'assurer que les conditions d'hygiène et de salubrité sont remplies ; il apprécie particulièrement l'emplacement de la fosse septique. Il renvoie ensuite le dossier à la mairie avec son avis.[124]

L'article R. 490-2 du code de l'urbanisme français prévoit que les communes peuvent par convention confier l'instruction à une collectivité territoriale, un groupement de collectivités territoriales, ou au service de l'État chargé de l'urbanisme dans le département, en d'autres termes la direction départementale de l'équipement (DDE). Dans la pratique, c'est le plus souvent à cette dernière que les communes s'adressent. La mise à disposition des services de l'État est en effet gratuite selon les dispositions expresses de l'article L. 421-2-6. La formule est souple car la délégation peut ne porter que sur l'instruction de certaines demandes. Mais quel que soit le service instructeur choisi, l'instruction porte sur l'ensemble de la procédure, de l'examen de la recevabilité de la demande jusqu'au projet de décision[125]. La convention doit fixer les conditions et délais de transmission des dossiers, les obligations réciproques des parties en matière de classement, d'archivage des dossiers et d'établissement des statistiques, et préciser les conditions de signature des actes concernés.[126]Elle peut être dénoncée à tout moment à l'issue d'un préavis de six mois.[127] Lors de l'instruction, le maire peut déléguer sa signature aux agents

---

124 -*Ibid.*

125 - C. urb., art. R. 490-2, al. 3

126 - C. urb., art. R. 490-2, al. 4

127 - C. urb., art. R. 490-2, al. 2

chargés de l'instruction des demandes, quelle que soit la collectivité publique dont ils relèvent, à la seule exception de la décision finale.[128]

Lorsque les communes décident de passer avec les services de l'État une convention de mise à disposition gratuite, ces derniers doivent agir "en concertation permanente" avec le maire qui leur adresse toutes instructions nécessaires pour l'exécution des tâches qu'il leur confie.[129]"Interprétant strictement cette disposition, la Cour administrative d'appel de Bordeaux considère que les erreurs commises lors de l'instruction n'entraînent la responsabilité de l'État à l'égard de la commune que lorsqu'un agent de l'État commet une faute en refusant ou en négligeant d'exécuter un ordre ou une instruction du maire.[130]

➢ **Les organismes extérieurs**

Lorsqu'elles ne disposent pas de services techniques suffisants, les communes peuvent confier l'instruction des demandes de permis à des organismes extérieurs. Ceux-ci sont nécessairement publics selon la doctrine administrative.[131]Il peut ainsi s'agir des établissements publics de coopération intercommunale.

Dans le cas d'un pays tel France, l'article L. 421-2-1 donne aux communes membres d'un EPCI (syndicats, communautés de communes, communautés d'agglomération, communautés urbaines) la possibilité de déléguer leur compétence en matière de délivrance des permis de construire, si l'EPCI en est d'accord. Cette délégation n'est jamais définitive puisqu'elle doit être confirmée dans les mêmes

---

128 - C. urb., art. L. 421-2-1, al. 3

129 - C. urb., art. L. 421-2-6

130 -CAA Bordeaux, 8 avr. 1993, Mme Desfougères : AJDA 1993, p. 709, chron. J.-C. Barros ; Petites affiches 23 juin 1993, p. 21, note J. Morand-Deviller, responsabilité de l'État engagée, et condamnation à garantir la commune, pour ne pas avoir vérifié le caractère inondable du terrain malgré la demande du maire

131 - Circ. équip., 6 juin 1984

formes après chaque renouvellement du conseil municipal ou après l'élection d'un nouveau président de l'établissement. Les autorisations sont alors délivrées au nom de l'établissement. En ce cas, les demandes sont instruites par le président de l'EPCI, aux lieu et place du maire. Ce dernier n'est pas totalement dessaisi puisqu'il doit faire connaître son avis au président de l'EPCI. Cet avis est réputé favorable s'il n'est pas intervenu dans le mois de la réception de la demande. Il doit être motivé s'il est défavorable ou, si favorable, il est assorti d'une demande de prescriptions particulières.[132]

Quoiqu'il en soit, ces acteurs publics travaillent en harmonie avec des acteurs privés.

b- Les acteurs privés

Les acteurs privés dont il s'agit ici sont les riverains. La notion de riverains mérite d'être précisée ; ensuite, il conviendra de s'attarder sur leur rôle.

❖ **La notion de riverains en matière de permis de construire**

La notion de riverain en matière de permis de construire peut être perçue dans deux sens. Stricto sensu, le riverain est celui qui habite le long d'une rivière[133]. *Lato sensu*, le riverain est celui qui habite le long d'une rue[134].

Ces perceptions laconiques du riverain permettent en fait une conception assez large de celui-ci. Il pourrait donc être le voisin direct de la construction ou tout habitant intéressé. La notion de riveraineté implique en régime foncier et en droit administratif des biens que les fonds soient limitrophes[135]. Par importation, le riverain dont il est question

132 - C. urb., art. R. 421-23

133 - Dictionnaire Larousse Maxi poche, Larousse, 2009, p 1229.

134 -*Idem*

135 - EBANG MVE (U.N.), *Le titre foncier au Cameroun : Recherche sur la spécificité d'un acte administratif unilatéral*, Thèse de doctorat

dans le permis de construire serait donc principalement le voisin direct du fonds sur lequel la construction doit être élevée.

❖ **Le rôle des riverains**

D'une manière ou d'une autre, le projet de construction du propriétaire du terrain intéresse toujours les tiers riverains et les associations de défense de l'environnement. L'intérêt est d'autant plus perceptible que le tiers riverain ou voisin peut subir les effets de la construction. Ces effets peuvent consister en : Des nuisances olfactives et phoniques, une perte d'ensoleillement ou de luminosité, un afflux de véhicules devant une propriété ; une perte de vue causée par une surélévation et diminution de la valeur locative de l'immeuble voisin[136].

C'est pourquoi la réglementation du permis de construire organise une période d'information à leur égard. Dans les quinze jours qui suivent le dépôt de la demande et pendant la durée d'instruction de celle-ci, le maire procède à l'affichage en mairie d'un avis de dépôt de demande de permis de construire comprenant les mentions suivantes : nom du demandeur, adresse du terrain, surface hors œuvre nette, destination de la construction[137].

PHD en droit public, Université de Yaoundé II, Faculté de Sciences juridiques et politiques, Département de Droit public interne, 2010, PP 93-94.

136-**BOULISSET (P), ZARLI (S), PATRICK (L), DE CHANVILLE (V),** *Permis de construire 2013/2014*, 2ème édition, Delmas, 24/04/2013, p 939.

137 -Article 27 du Décret N° 2008 / 0739 / PM du 23 AVRIL 2008 Fixant les règles d'utilisation du sol et de la construction

A l'évidence, l'affichage du permis de construire est la manifestation de la quête d'information pouvant confirmer ou troubler l'opération à entreprendre. Telle une publication des bans, elle est une invitation aux oppositions s'il y en a. Les droits conférés par le permis étant limités dans le temps, car celui-ci peut être menacé de retrait, péremption.

Le droit de l'urbanisme fait référence à des terminologies très variées pour marquer l'intervention du citoyen dans l'élaboration et la réalisation des politiques urbaines : L'information, la mise à disposition du public (de documents), l'association (parfois à la demande des intéressés), la concertation, la consultation apparaissent aussi au gré des textes. Cette diversité masque mal la difficulté (voire les réticences) à développer un véritable processus participatif tel qu'énoncé par la convention d'Aarhus[138].[139]Si le droit à l'information répond aux exigences de la Convention, la participation du public dans la délivrance du permis de construire devrait évoluer, au-delà de quelques éléments du contrôle de la destination foncière à l'instar de l'enquête publique.

L'appréhension du permis de construire comme acte participant à la certification foncière à travers la certification par le biais du permis de construire et la technique de certification par le permis de construire a permis de révéler les différences entre les conditions de forme et celles de fond que doit respecter tout constructeur.

Au-delà, il apparaît à l'analyse une difficulté liée à l'insuffisance des textes qui sont assez laconiques. Mais aussi il est important que la réglementation puisse s'adapter au niveau de vie des populations.

138-Convention d'Aarhus de 1998 sur l'accès à l'information, la participation du public au processus décisionnel et l'accès à la justice en matière d'environnement.

139-**DROBENKO** (B), *Droit de l'urbanisme 2014-2015*, op cit, P49.

La constitution de ce dossier au Cameroun n'est pas à la portée du premier venu. Réellement, seuls des propriétaires nantis peuvent fournir l'ensemble des pièces exigées. En quête d'un habitat bon marché et convenable, la plupart des citadins des villes telles Yaoundé et de Douala, n'ont que faire de cette procédure sophistiquée. Ils construisent souvent à la hâte, de jour comme de nuit, leurs maisons dans des zones marécageuses sans obtenir le permis de construire. C'est pendant la saison des pluies (difficilement décelable avec la prééminence des changements climatiques), lorsque ces maisons sont envahies par les eaux pluviales, que les propriétaires se rendent compte de leur imprudence. Parfois c'est le drame : Il faut sauver les enfants, les meubles et les animaux domestiques, contre la furie de l'inondation pluviale ! Ces scènes se répètent tous les ans sans que les concernés et l'administration prennent compte des risques courus par le non-respect de la réglementation du permis de construire[140].

140 -MPESSA (A.), « Le permis de construire à l'épreuve de la pression foncière et du développement urbain au Cameroun », in *SOLON, Revue Africaine de parlementarisme et de démocratie*, Volume III, N°7, Août 2013,238p. PP43-68.

Ces observations mettent en exergue les faiblesses de la fonction du permis de construire au Cameroun. Ces failles peuvent aussi être perçues dans les modalités nécessaires à la demande et à l'émission de permis de construire. Les modalités peuvent être plus simples, plus rapides et plus fiables notamment par l'entremise du "Online Construction Permit Management Information System" (CPMIS). L'implémentation de la demande de permis de construire en ligne est en cours au Cameroun. Ce système de gestion des informations en ligne des permis de construire est lancé par la ville de Kigali au Rwanda depuis le 20 Mai 2013. Au demeurant, l'analyse du permis de construire comme acte de contrôle de la destination foncière permettra d'avoir une vision systémique.

-II-
LE PERMIS DE CONSTRUIRE, UN ACTE DE CONTRÔLE DE LA DESTINATION FONCIÈRE

De l'ancien français *contrerole* (« registre tenu en double »), du latin médiéval *contrarotulum* (sens identique) formé de *contra-* (« contre- ») et *rotulus*, dérivé du latin classique *rotula* (« rouleau, petite roue »), diminutif de rota (« roue »)[141], le contrôle désigne l'inspection attentive d'un acte, d'une pièce en vue d'en vérifier la validité, la régularité. C'est aussi le fait de surveiller l'état de quelque chose[142].

L'emploi de la terminologie « contrôle » fait référence dans ce cadre à la vérification de la conformité d'une construction aux règles d'urbanisme et de la construction.

Le permis de construire dans sa fonction de contrôle est utilisé dans un double sens. Il y a dans un premier sens, le contrôle a priori, qui est effectué en amont, pendant l'examen de la demande de permis de construire (A). Dans un second sens, le contrôle a posteriori, qui est fait à partir du permis de construire (B).

A- LE DÉROULEMENT DU CONTRÔLE

Pour que les règles d'urbanisme soient effectives, l'administration doit avoir les moyens techniques et humains d'en contrôler le respect par les constructeurs. Ce qui n'est pas toujours évident pour les États de l'Afrique centrale[143].

Le contrôle effectué par le permis de construire s'opère suivant diverses voies. Il faut observer au préalable les Instructions technique et conjointe (1). Ensuite, viennent l'enquête publique et les instructions de dérogations (2).

1- Les instructions technique et conjointe

Il convient de s'attarder au préalable sur l'instruction technique (a), ensuite sur l'instruction conjointe (b).

141 -www.wikipedia.org, consulté le 11 Mai 2015.

142 -Dictionnaire Larousse Maxi poche, Larousse, 2009, p354.

143 -NGOMSIK KAMGANG (J), *Evolution dans la région de l'Afrique centrale des règles foncières et de l'urbanisme : L'exemple du Cameroun*, op cit., p749.

a- L'instruction technique

Il est nécessaire d'envisager tout d'abord sur sa consistance, avant d'examiner les divers avis proprement dits.

❖ La consistance de l'instruction technique

L'étude de la consistance de l'instruction technique se fera par le truchement de son objet, ensuite des consultations.

➢ L'objet

L'instruction proprement dite consiste pour l'autorité compétente à examiner si le projet est conforme aux différentes dispositions législatives et réglementaires relatives à l'occupation du sol. Il est fréquent que cette tâche requière un certain nombre de consultations. Celles-ci sont essentiellement internes à l'administration.[144]

➢ Le déroulement des consultations

Le maire procède à l'instruction de la demande. Il requiert l'avis technique du service déconcentré compétent du Ministère chargé de l'urbanisme ou d'un urbaniste inscrit au tableau de l'ordre national des urbanistes.

Cet avis, auquel est annexé un procès-verbal de descente de terrain intervient dans un délai maximum de soixante-douze heures à compter de la date de dépôt.[145]

Le service chargé de l'instruction "recueille auprès des personnes publiques, services ou commissions intéressés par le projet, les accords, avis ou décisions prévus par les lois ou règlements en vigueur ». Rien n'empêche toutefois le service de procéder à des consultations non prévues par

---

144 -PRIET (F.), Permis de construire, procédures, Jurisclasseur Collectivité territoriale, fasc. 1312, juillet 2000.

145 -Article 6 du Décret N° 2013/0042/PM du 23 Janvier 2013 modifiant et complétant certaines dispositions du décret N° 200/0739/PM du 23 Avril 2008 fixant les règles d'utilisation du sol et de la construction

les textes, s'il l'estime opportun, du moment que l'avis sollicité est régulièrement émis.[146]Lorsque la consultation est obligatoire, l'absence d'avis rend naturellement irrégulière la procédure de délivrance du permis.[147]Pour être régulier, l'avis doit figurer au dossier[148], n'être ni antérieur à la demande de permis[149], ni postérieur à sa délivrance[150] Il doit s'agir d'un véritable avis[151] exprimé au vu d'un dossier complet[152] par l'autorité compétente en vertu des textes en vigueur.[153]Lorsqu'en cours d'instruction de la demande, certains éléments du dossier sont modifiés après qu'un avis a été émis, il y a lieu de procéder à une nouvelle consultation si les modifications ont une influence sur l'avis initialement donné.[154]

---

146 -CE, 20 mars 1992, M. et Mme Prost : Rec. CE, tables p. 684, 685, 1128 et 1387 ; Dr. adm. 1992, comm. n° 271 ; Mon TP 2 oct. 1992, p. 40, illégalité du permis en raison de l'irrégularité de l'avis émis par la commission départementale des sites que l'administration chargée de l'instruction de la demande avait choisi de consulter

147 - CE, 31 mai 1978, Min. équip. c/ Lévy : RD publ. 1979, p. 578

148 - CE, 10 juill. 1974, Assoc. Artistes du 65 Boulevard Arago : Rec. CE, p. 406

149 - CE, 6 juill. 1983, Sté L'Allobroge, req. n° 38836, a contrario

150 - CE, 6 mars 1964, Bordeu : Rec. CE, tables p. 1033

151 - CE, 18 mai 1979, Kees, req. n° 1680, tel n'est pas le cas de l'apposition, sur les plans annexés à la demande, d'un tampon portant la mention "pour être annexés à mon avis en date de ce jour"

152 - CE, 14 mai 1986, Sté Embrunaise de Construction : Rec. CE, tables p. 759, absence d'étude d'impact

153 - CE, 26 janv. 1966, Prebay : Rec. CE, tables p. 1137, avis du maire simplement rapporté par l'architecte de la ville au cours de la réunion de la commission départementale d'urbanisme [aujourd'hui supprimée]

154 -CE, 26 mai 1989, Sté promotion et gestion du bâtiment SA-PROGEB, req. n° 77166. – Comp. CE, sect., 25 févr. 1994, SOFAP Marignan Immobilier : Rec. CE, p. 94 ; RFD adm. 1994, p. 510, concl. J. Arrighi de Casanova, nouvelles consultations non nécessaires pour une demande de permis concernant un projet identique à celui ayant fait l'objet d'une première décision ultérieurement retirée

❖ **Les divers avis**

Au cours de l'instruction, de multiples avis doivent être recueillis. Les règles habituelles de la procédure consultative, s'appliquent en cette matière[155]. Les avis inhérents à l'instruction technique dont il s'agit ici peuvent être simples, ou conformes.

➢ **Les avis simples**

Ces avis, s'ils doivent être recueillis par l'autorité compétente, ne lient pas cette dernière. Il en existe un très grand nombre. Parmi les nombreux avis recueillis, ceux du maire, du représentant local du Directeur de l'Urbanisme, de la Construction et de l'Habitat Rural, méritent une attention particulière. Ils sont nécessaires dans tous les cas, et apparaissent comme des avis de synthèse, portant sous tous les aspects de la construction envisagée[156]. L'avis du maire est requis lorsque le permis n'est pas délivré au nom de la commune. Il est réputé favorable s'il n'est pas intervenu dans le mois de la réception de la demande. Passé ce délai, le maire ne peut plus revenir sur un avis tacite favorable.[157]Si cet avis est défavorable, il doit être motivé ; il en est de même s'il est favorable mais assorti d'une demande de prescriptions particulières.[158]L'avis du maire peut aussi intervenir, dans le cas où la décision est prise au nom de la commune et où celle-ci a délégué sa compétence à un EPCI.[159]

---

155 - NGOMSIK KAMGANG (J), *Evolution dans la région de l'Afrique centrale des règles foncières et de l'urbanisme : L'exemple du Cameroun*, op cit, p652.

156 -*Idem*

157 - CE, 20 oct. 1993, Estevez : BJDU 1/1994, p. 55, concl. R. Schwartz

158 - C. urb., art. R. 421-26

159 - C. urb., art. R. 421-23, prévoyant les mêmes exigences de délai et de motivation que ci-dessus

Le code de l'urbanisme français met en exergue divers autres cas : L'avis du président de l'EPCI, lorsque la décision est prise au nom de l'État, sur le territoire d'une commune dotée d'un POS approuvé, dans les cas visés aux alinéas a), b) et c) de l'article L. 421-2-1 (C. urb., art. R. 421-24, mêmes règles de délai et de motivation); l'avis du maire, ainsi que celui du président de la communauté ou du syndicat d'agglomération nouvelle, dans le cas où le projet de construction, situé dans le périmètre d'urbanisme d'une agglomération nouvelle, se trouve dans une ZAC, ou un lotissement de plus de trente logements, ou constitue une opération groupée de plus de trente logements.[160]

Bien plus, il peut aussi être sollicité l'avis du responsable du service de l'État dans le département, chargé de l'urbanisme, en d'autres termes le directeur départemental de l'équipement, lorsque le permis est délivré au nom de l'État. Cet avis, accompagné d'un projet de décision comportant, le cas échéant, les prescriptions nécessaires, est transmis à l'autorité compétente pour statuer sur la demande (maire agissant au nom de l'État ou préfet). Il doit être motivé s'il est favorable avec des prescriptions, s'il est défavorable, ou s'il propose une décision de sursis à statuer[161];l'avis de l'autorité ou du service chargé de la gestion de la voirie, lorsque le projet a pour effet de créer ou de modifier un accès à une voie publique, sauf si le POS ou un document en tenant lieu réglemente spécifiquement cette question[162] ; les avis des autorités et services publics habilités à demander que soient prescrites les contributions aux dépenses d'équipements prévues au 2° de l'article L. 332-6-1 ou à l'article

160 - C. urb., art. R. 421-26-1, mêmes règles de délai et de motivation

161 - C. urb., art. R. 421-28

162 - C. urb., art. R. 421-15, al. 4

L. 332-9. Le silence de ces services passé le délai d'un mois vaut absence de propositions de contribution.[163]

L'avis du préfet est sollicité, après consultation du directeur des antiquités, lorsque le permis porte sur des travaux pouvant, en raison de leur localisation et de leur nature, compromettre la conservation ou la mise en valeur de vestiges ou d'un site archéologique.[164] Le préfet peut aussi émettre un avis conforme.

- **Les avis conformes**

Il peut s'agir de l'avis conforme du préfet. Dans les communes dont le POS ne couvre qu'une partie du territoire, la demande de permis portant sur une construction située dans cette partie doit recueillir l'avis conforme du préfet. Dans certains pays, notamment en France, l'accord du représentant de l'État est également requis dans un périmètre où une décision de sursis à statuer peut être prise au titre de l'article L. 111-7, lorsque ce périmètre a été institué à l'initiative d'une personne autre que la commune.[165] Cet avis est pareillement exigé dans le cas où le document d'urbanisme a cessé d'exister du fait de son annulation par le juge.[166]Cette hypothèse ne peut être que rare depuis que l'article L. 125-5, issu de la loi n° 94-112 du 9 février 1994, prévoit que, sauf exception, l'annulation ou la déclaration d'illégalité du POS, ou d'un document d'urbanisme en tenant lieu, remet en vigueur le document immédiatement antérieur.

---

163 - C. urb., art. R. 421-15, dernier al

164 - D. n° 86-192, 5 févr. 1986, art. 1er : JO 11 févr. 1986

165 - C. urb., art. L. 421-2-2 b

166 - CE, 5 févr. 1988, SCI des Granges Blanches : AJDA 1988, p. 357, note M. Fornacciari. – 25 nov. 1991, Assoc. des amis de Saint-Palais s/ Mer : Rec. CE, p. 405

Le cas des Travaux situés dans un secteur sauvegardé est assez spécifique. Dans la période comprise entre la publication de l'acte délimitant un secteur sauvegardé et celle de l'acte rendant public le PSMV, toute demande de permis de construire doit être soumise à l'avis de l'architecte des Bâtiments de France. Si cet avis est défavorable ou si, favorable, il est assorti d'une demande de prescriptions, l'autorité compétente devra dans le premier cas surseoir à statuer, et dans le second, délivrer le permis avec les prescriptions demandées.[167] L'avis de l'ABF est pareillement requis après la publication de l'acte rendant public le plan. L'autorité compétente ne peut s'écarter du sens de cet avis, qu'il soit défavorable ; ce qui se traduira par un refus de permis, ou favorable assorti de prescriptions.[168]

L'avis de la commission consultative départementale de sécurité et d'accessibilité peut être requis. L'avis émis par cette commission lie l'autorité de police préalablement à la délivrance du permis de construire, en ce qui concerne la sécurité contre les risques d'incendie et de panique dans certains bâtiments particulièrement exposé.[169]Une confirmation jurisprudentielle du caractère conforme de cet avis serait toutefois souhaitable. Sont visés d'abord tant la construction d'un immeuble de grande hauteur (IGH) que tous travaux à exécuter dans ce type d'immeuble.[170]Cette commission doit être également consultée soit pour fixer des prescriptions propres à certains IGH[171], soit pour prévoir les mesures complémentaires de sécurité en cas de modifica-

167 - C. urb., art. R. 313-13

168 - C. urb., art. R. 313-19-2

169 - D. n° 95-260, 8 mars 1995, art. 2 : JO 10 mars 1995. – Circ. Int., 22 juin 1995, § 1.1.1 a : Mon TP 11 août 1995, suppl. p. 206. – C. urb., art. L. 421-1, al. 6

170 - C. urb., art. R. 421-47

171 - C. urb., art. R. 421-48, al. 2

tion de la destination des locaux compris dans de tels immeubles.[172] C'est également cette commission, comme le prévoit l'article R. 421-53, qui est consultée pour assurer le respect de la réglementation relative à la protection contre les risques d'incendie et de panique dans les établissements recevant du public (ERP).[173]Dans certains cas, il existe une procédure d'instruction conjointe.

b- L'instruction conjointe

Il importe d'examiner tout d'abord son contenu, avant de s'attarder sur les cas spécifiques.

❖ Le contenu de l'instruction conjointe

Désireux de faire du permis de construire une autorisation de synthèse, le législateur a prévu une forme de « fusion d'autorisations[174]».

Le permis peut également valoir autorisation au titre d'une autre législation que l'urbanisme lorsque les constructions ou travaux, en raison de leur emplacement ou de leur utilisation, sont soumis à un régime d'autorisation ou à des prescriptions dont l'application est contrôlée par un ministre autre que celui chargé de l'urbanisme.[175]

---

172 - C. urb., art. R. 421-49

173 -CE, 8[nbsp]avr. 1994, Mme Benferhat : Rec. CE, p. 188, une chapelle ouverte une seule fois par an à l'occasion de la fête locale ne peut être considérée comme un ERP – 13 avr. 1983, Synd. copr. Immeuble "Presqu'île II" : Rec. CE, p. 149, l'avis émis par l'inspecteur des services de défense et de secours contre l'incendie ne pallie pas le défaut de consultation de la commission. – 11 mars 1988, Min. urb. et log. c/ Mme Lamouroux : Rec. CE, tables p. 1084, la commission n'a pas à être consultée sur un projet d'établissement dit de 5e catégorie au sens de l'article R. 123-14 du Code de la construction et de l'habitation lorsque l'effectif du public n'atteint pas le chiffre fixé par le règlement de sécurité

174-article L.441-2 du Code de l'urbanisme français

175 - C. urb., art. L. 421-1, al. 5 ; R. 421-38-1

L'autorité compétente doit alors recueillir l'avis, le plus souvent conforme, d'une autorité qui examinera la conformité du projet au regard de la législation particulière. Le permis délivré dans ces conditions vaudra autorisation au titre des deux législations. Cette instruction conjointe est prévue essentiellement en matière de protection des monuments historiques, des sites et de l'environnement, mais on la retrouve aussi à propos de l'application d'autres législations.

❖ **Les cas où s'opère l'instruction conjointe**

Dans des cas spécifiques, le maire doit recueillir divers autres avis. Les dossiers sont transmis dès leur réception à la commission d'examen du permis de construire composée ainsi qu'il suit :

- Président : Le Maire ou son représentant ;
- Rapporteur : Le responsable local du Ministère chargé de l'urbanisme ;
- Membres :

- Le responsable local du Ministère chargé de l'habitat ;
- Le responsable local du Ministère chargé de l'environnement ;
- Le responsable local du Ministère chargé de la culture ;
- Le représentant du LABOGENIE, le représentant du Corps National des Sapeurs-Pompiers ;
- Le représentant des Ordres Professionnels du secteur exerçant dans la localité[176].

---

176 -Article 30 du Décret du 23 Avril 2008 op cit

Ainsi, lorsque le permis de construire concerne un immeuble inscrit sur l'inventaire supplémentaire des monuments historiques, sur des constructions classées au patrimoine culturel, national ou de l'humanité, doit être recueilli l'avis simple du Responsable local du Ministère chargé de la culture[177].

Divers autres cas nécessitent une procédure d'instruction conjointe : en matière de protection d'ouvrages militaires, maritimes et aériens. Lorsque la construction est située à proximité d'un ouvrage militaire, il y a nécessité de recueillir l'accord du ministre chargé des armées ou de son délégué.

Il en est de même en France en cas de situation à l'intérieur d'un polygone d'isolement[178]. Lorsque la construction peut constituer un obstacle à la navigation aérienne, l'accord des ministres chargés de l'aviation civile et des armées, ou de leurs délégués, doit être obtenu.

Le cas des établissements classés n'est pas en reste : Les permis de construire sont délivrés en tenant dûment compte de la présence des établissements classés et de leur impact sur l'environnement, et peuvent être refusés ou soumis à des prescriptions spéciales élaborées conjointement par les Administrations chargées de l'environnement et de l'urbanisme, si les constructions envisagées sont de nature à avoir des conséquences dommageables pour l'environnement[179].

L'avis des représentants du Corps national des Sapeurs-pompiers, du LABOGENIE, responsable local du

---

177 - Article 30 du Décret N° 2013/0042/PM du 23 Janvier 2013 modifiant et complétant certaines dispositions du décret N° 200/0739/PM du 23 Avril 2008 fixant les règles d'utilisation du sol et de la construction.

178 - C. urb., art. R. 421-38-15, 1er al.

179 -Article 41 de la Loi N° 96/12 DU 5 AOUT 1996 portant Loi cadre relative à la gestion de l'environnement au Cameroun.

Ministère chargé des Travaux publics, Ordres professionnels du secteur de l'urbanisme et de l'Habitat peut être recueilli ; ceux-ci faisant partie de la commission d'examen du permis de construire.

Le Président de la commission d'examen du permis de construire apprécie les ordres professionnels à convoquer, en fonction de la complexité et de la nature de l'ouvrage à construire. La commission d'examen de permis de construire se réunit en tant de besoin, sur invitation de son Président qui transmet aux membres tout ou partie du dossier, au moins cinq (5) jours avant la date de la réunion. Les décisions de la commission d'examen de permis de construire sont prises à la majorité simple des membres présents et consignées dans un procès- verbal. La décision définitive est notifiée au demandeur par le Maire[180].

Le permis de construire est ainsi délivré après avis de la commission d'examen du permis de construire. Une enquête publique peut dans certaines situations être réalisée.

2- L'enquête publique et les instructions de dérogations

Au préalable, sera examinée l'enquête publique (a), ensuite les instructions de dérogations (b).

a- L'enquête publique

L'enquête publique constitue l'un des éléments de l'information du public et l'amorce d'un processus participatif encore insuffisant.[181] Elle intervient avant la prise de décision.

Le champ d'application de l'enquête publique sera au préalable étudié, viendra ensuite le déroulement proprement dit de l'enquête publique.

- **Le champ d'application**

180 - Article 31 du Décret du 23 Avril 2008 op cit

181 -DROBENKO (B), *Droit de l'urbanisme 2014-2015*, op cit., Gualino, 19 août 2014, p197.

Certains types de constructions soumises à permis de construire sont assujettis à une enquête publique. Il s'agit des projets portant sur : la création d'une surface de plancher nouvelle supérieure à 5 000 mètres carrés sur le territoire d'une commune non dotée, à la date du dépôt de la demande, d'un POS ou d'un document en tenant lieu ayant fait l'objet d'une enquête publique ; la construction d'immeubles à usage d'habitation ou de bureau d'une hauteur au-dessus du sol supérieure ou égale à 50 mètres; la création d'une surface de plancher nouvelle à usage de commerce supérieure à 10 000 mètres carrés; la construction d'équipements culturels, sportifs ou de loisirs susceptibles d'accueillir plus de 5 000 personnes[182].

En outre, afin d'éviter que deux enquêtes successives soient réalisées sur le même projet, il est prévu une dispense d'enquête lorsque qu'un projet a précédemment fait l'objet d'une enquête publique et que l'avis de mise à l'enquête indiquait que celle-ci portait également sur la construction projetée. La dispense d'enquête au titre du permis de construire n'est possible qu'à deux conditions : le dossier d'enquête doit faire apparaître la surface constructible maximale ainsi que la hauteur maximale autorisée ; le projet ne doit pas avoir subi de "modifications substantielles" depuis la date d'achèvement de l'enquête[183].

❖ **Le déroulement de l'enquête**

La détermination de l'autorité organisatrice de l'enquête dépend de la collectivité publique au nom de laquelle est délivré le permis de construire. Si ce dernier l'est au nom de l'État, c'est le préfet qui est compétent ; s'il l'est au nom de

---

182 -Article R 123-1 du Code français de l'urbanisme.

183 -Sur cette dernière condition, CE, 8 févr. 1999, Mme Carry : BJDU 2/1999, p. 122, concl. G. Goulard, constitue une telle modification le changement de hauteur d'un bâtiment industriel supérieur de 48 % à la hauteur maximale prévue lors de l'enquête publique

la commune, il s'agira du maire. Il appartient au service instructeur de la demande de transmettre à l'autorité organisatrice de l'enquête publique le dossier complet de demande de permis. Celui-ci doit être complété d'un document mentionnant les textes qui régissent l'enquête concernée et indiquant la façon dont cette enquête s'insère dans la procédure d'autorisation[184].

Quand une enquête publique est nécessaire, le dossier soumis à enquête doit se référer au texte qui justifie cette enquête sous peine d'irrégularité[185].

b- Les instructions de dérogations

Les dérogations résultent des travaux réalisables malgré le principe d'interdiction. Le législateur en a étendu le domaine. Il s'agit des travaux relatifs à l'adaptation, changement de destination, la réfection ou l'extension limitée de l'urbanisation ainsi que la réalisation d'installations ou d'équipements publics incompatibles avec le voisinage des zones habitées[186].

Il convient au préalable d'observer le domaine des dérogations, ensuite les conditions des dérogations.

❖ Le domaine des dérogations

Les dispositions d'un POS ou d'un document en tenant lieu, les prescriptions d'un règlement de lotissement ou d'un cahier des charges approuvé d'un lotissement peuvent faire l'objet d'adaptations dites mineures, dans les conditions fixées par la loi. Certaines dispositions réglementaires relatives à l'urbanisme, ou aux servitudes d'utilité publique peuvent faire l'objet de dérogations. Ces adaptations mineures ou ces dérogations n'ont pas besoin d'être demandées, elles

---

184 -PRIET (F), le permis de construire, Juris-classeur Collectivité territoriale, fasc. 1312, juillet 2000.

185-CE, 8 Décembre 1997, Lattard, req. N° 155320, NP.

186 - DROBENKO (B), *Droit de l'urbanisme 2014-2015, op cit.*, p 87.

sont instruites d'office[187], si du moins il apparaît que le permis de construire ne peut être délivré qu'à cette condition. L'administration ne peut d'ailleurs pas écarter par principe la possibilité d'accorder une adaptation mineure car elle méconnaîtrait l'étendue de son pouvoir discrétionnaire[188].Une adaptation ou une dérogation ne peut être implicite ; elle doit être expressément mentionnée dans la décision accordant le permis.[189]

Les dérogations au POS/PLU sont en principe, impossibles. Certaines restent toutefois autorisées (en cas de reconstruction à l'identique). Enfin, pour les autres règles ne figurant pas dans le PLU, l'administration peut admettre des dérogations sous le contrôle du juge administratif qui exerce alors un contrôle maximum dit du « bilan-coûts-avantages ».[190]

❖ **Les conditions des dérogations**

Il est nécessaire d'envisager ici les conditions de forme et celles de fond.

Relativement aux conditions de forme, notamment l'instruction ; une dichotomie s'opère entre les dérogations aux dispositions réglementaires d'urbanisme, les dérogations aux servitudes d'utilité publiques qui sont instruites, « au besoin d'office » et les dérogations aux règles générales d'instruction qui doivent être sollicitées par le demandeur.

Le service instructeur est tenu de recueillir l'avis de tous les services dont la consultation est requise par les textes. L'absence de visa de l'avis favorable des services intéressés

---

187 - C. urb., art. R. 421-15, al. 3

188 - CE, 15 mai 1995, Cne Marnaz : Rec. CE, tables p. 1080 ; BJDU 4/1995, p. 310, concl. Ch. Maugüé

189 -CE, 29 janv. 1992, SA Les Ateliers d'Occitanie : Rec. CE, tables p. 1388 et 1392. – 9 nov. 1992, Épx Tamby : Rec. CE, p. 401

190 -SAVARIT-BOURGEOIS (I), *L'essentiel du Droit de l'Urbanisme*, Gualino, Août 2014, p112.

est sans influence sur la légalité de l'arrêté de dérogation si cet avis a été, en fait, recueilli[191].

La décision d'octroi de dérogation n'est pas distincte de celle du permis de construire. Aussi, l'autorité compétente pour accorder la dérogation est la même que celle qui délivre le permis de construire[192], soit le maire, soit le délégué du gouvernement.

Bien plus, les dérogations aux règles édictées en matière d'urbanisme, d'aménagement urbain et de construction, notamment en ce qui concerne le changement de vocation des zones, la constructibilité ou desserte des terrains, la hauteur, l'aspect ou les normes de construction, peuvent être accordées par le ministre chargé de l'urbanisme et de l'architecture, sur avis motivé du maire[193].

Le législateur a jugé opportun de maintenir le principe de la responsabilité de l'État pour délivrer le permis de construire relatif à certains ouvrages ou travaux particulièrement importants. Les édifices visés sont entre autres: Des constructions, installations ou travaux réalisés pour le compte de l'État, de la région, du département, de leurs établissements publics et concessionnaires, ainsi que pour le compte d'États étrangers ou d'organisations internationales; des ouvrages de production, de transport, de distribution et de stockage d'énergie ainsi que ceux utilisant des matières radioactives; des constructions, installations ou travaux réalisés à l'intérieur des périmètres des opérations d'intérêt national.

Certaines mentions sont obligatoires pour l'autorité compétente ; elle est tenue de se prononcer par arrêté, qui

---

191 - CE, 26 Mai 1965, Kutschera, *Lebon* 295.

192 -**BOULISSET** (P), **ZARLI** (S), **PATRICK** (L), **DE CHANVILLE** (V), *Permis de construire 2013/2014*, 2ème édition, Delmas, 24/04/2013, p 538.

193 -Article 24, Loi N° 2004/003 du 21 Avril 2004 régissant l'urbanisme au Cameroun.

comprend : collectivité au nom de laquelle la décision est prise; visas de la demande de permis, des textes législatifs et réglementaires dont il est fait application, ainsi que des avis recueillis en cours d'instruction; motivation quand celle-ci est obligatoire; sens de la décision; prescriptions imposées au constructeur; rappel de la réserve du droit des tiers, du délai de validité du permis, de l'obligation d'affichage, des délais et voies de recours, de l'obligation de souscrire une assurance dommages-ouvrages; mention certifiant que la décision est transmise au représentant de l'État, lorsqu'elle est prise au nom de la commune.

Bien plus, la décision doit faire l'objet d'une notification et d'un certain nombre de transmissions. Elle doit aussi être affichée à la fois en mairie et sur le terrain. La décision de dérogation doit toujours être motivée.

S'agissant des conditions de fond, le juge administratif doit vérifier cas par cas que les conditions de fond des dérogations sont remplies.[194]Une dérogation ne saurait se fonder sur des considérations relavant de la législation des installations classées[195].

Les dérogations ne peuvent être légalement prescrites que si les atteintes qu'elles portent à l'intérêt général ne sont pas excessives eu égard à l'intérêt général que représente la dérogation[196].L'intérêt financier ne suffit pas à justifier une dérogation[197].Une dérogation n'est jamais de droit[198].La dérogation n'a pas de portée rétroactive ; elle ne peut servir à

194 -CE, 7 Juillet 1971, SCI du Manoir, req n° 76306, Lebon 521.

195 -CE, 18 Novembre 1983, Burgy, req. N° 37859, Lebon T, Gaz. Pal. 1984.1. Pan.308.

196 -CE, 18 Juillet 1973, Ville de Limoges, req. N° 86275, *Lebon* 530, *AJDA* 1973, 494.

197-CE, 13 Janvier 1975, Min. de l'aménagement du territoire c/Laurent, *Lebon* 20.

198 -CE, 5 Janvier 1979, Zeender, *Lebon* 10.

régulariser des situations de fait contraires aux prescriptions des plans d'urbanisme[199].

B- LE CONTRÔLE A POSTERIORI : A PARTIR DU PERMIS DE CONSTRUIRE

La réalisation d'un projet doit être conforme à la décision obtenue. Le contrôle en règle générale fait l'objet d'un encadrement dans le temps, à la fois pour assurer la sécurité juridique des porteurs de projets et pour assurer le respect des règles qui dans un État peuvent être sanctionnées en cas de violation.

Ce contrôle s'inscrit dans le cadre de la hiérarchie des normes précisément déterminée, dans un cadre de répartition des compétences et d'instruments à la portée, au contenu et à l'évolution variable, révélant ainsi une réelle complexité.[200]

Le contrôle effectué a posteriori s'opère de deux manières : Le contrôle administratif (1), et le contrôle juridictionnel (2).

1- Le contrôle administratif

Les décisions d'urbanisme ne confèrent pas à leur bénéficiaire d'autres droits que ceux de réaliser un projet conformément aux règles en vigueur et à la décision intervenue[201].

Le contrôle administratif peut être effectué en cours de réalisation des travaux (a), ainsi qu'à la fin des travaux (b).

a- Le contrôle en cours de réalisation des travaux

Les problèmes identifiés sont entre autres : La résistance à l'application de la Loi ainsi que la mauvaise interprétation de la Loi et des textes d'application y afférents.

---

199 - **BOULISSET (P), ZARLI (S), PATRICK (L), DE CHANVILLE (V)**, *Permis de construire 2013/2014,* op cit.

200 - DROBENKO (B.), *Droit de l'urbanisme 2014-2015*, op cit, p 290.

201 - *idem.*, p 204.

Il convient au préalable d'examiner le déroulement du contrôle, avant d'appréhender la portée de ce contrôle.

❖ **Le déroulement du contrôle**

Il importe d'observer les modalités de forme, avant d'appréhender les modalités de fond du contrôle.

➢ **Les modalités de forme du contrôle**

A l'initiative du maire, et exceptionnellement à la demande de l'autorité administrative ou de tout citoyen, les responsables assermentés de la mairie, les services techniques ou, en cas de nécessité, les fonctionnaires des services locaux de l'État dûment mandatés, peuvent à tout moment, visiter les constructions en cours et procéder aux vérifications qu'ils jugent utiles, notamment avant toute reprise de chantier abandonné.

Dans l'exercice du droit de visite, le maire s'assure du respect des prescriptions contenues dans les documents de planification urbaine ou, le cas échéant, dans les règles générales d'urbanisme et de construction.

Le droit de visite peut être exercé après achèvement des travaux. Il s'exerce également dans le cas d'un suivi des travaux d'exécution d'un lotissement[202].

➢ **Les modalités de fond du contrôle**

Le droit de visite peut être exercé à tout moment pendant la durée du chantier, ainsi qu'après l'achèvement des travaux pendant deux ans[203]. Il permet à l'autorité habilitée de "visiter les constructions en cours, procéder aux vérifications (qu'elle juge) utiles et se faire communiquer tous

---

202 - Article 118 du décret N° 2008 / 0739 / PM du 23 AVRIL 2008 Fixant les règles d'utilisation du sol et de la construction au Cameroun.

203-La LOI française n° 2017-242 du 27 février 2017 portant réforme de la prescription en matière pénale, a réformé le droit de la prescription de l'action publique. L'article 8 du code de procédure pénale prévoit que « l'action publique des délits se prescrit par six années révolues à compter du jour où l'infraction a été commise ». La répression des délits d'urbanisme est passée de 3 à 6 ans au même titre que ceux de droit commun définis par le Code pénal.

documents techniques se rapportant à la réalisation des bâtiments".

Ces vérifications doivent s'assurer notamment que les chantiers sont entourés de clôtures, que les échafaudages sont conformes aux normes de sécurité ; que les ouvriers portent des casques etc.

Au Cameroun, sauf en cas de survenance d'un évènement exceptionnel et accidentel, comme l'effondrement d'un immeuble, la plupart des maires n'ont ni la volonté, ni les moyens de réaliser ces contrôles. Il suffit de faire un tour dans la ville de Douala pour constater que la plupart des bâtiments en cours de construction ne respectent pas les prescriptions élémentaires en matière de permis de construire : Absence de panneaux portant les numéros de délivrance des permis, absence de clôtures assurant la sécurité du chantier, échafaudage ne répondant aux normes de sécurité exposant les employés du chantier aux risques d'accidents, de chutes. C'est ce qui est arrivé le 21 janvier 2013 : Un ouvrier de 40 ans, a fait une chute mortelle du quatrième étage d'un bâtiment en cours de construction de huit étages au quartier douche à Akwa à Douala. Les échafaudages installés ne répondaient manifestement pas aux normes de sécurité[204]. Il est donc nécessaire d'observer la portée du contrôle.

❖ **La portée du contrôle**

Il sera tout d'abord examiné la portée du contrôle au moment de son intervention, avant de s'attarder sur les effets a posteriori du contrôle.

---

204 - MPESSA (A.), « Le permis de construire à l'épreuve de la pression foncière et du développement urbain au Cameroun », in *SOLON, Revue Africaine de parlementarisme et de démocratie*, Volume III, N°7, Août 2013,238p. P 61.

➢ **La portée du contrôle au moment de son intervention**

Deux caş d'espèce peuvent se produire : Le constructeur peut avoir réalisé ses travaux conformément au permis de construire, ou sans conformité avec le permis.

Si les travaux ont été réalisés dans des conditions régulières, le Maire délivre le certificat de conformité dans le délai de trente jours à compter de la date de dépôt de la déclaration d'achèvement des travaux. Dans le cas contraire, le déclarant est avisé dans le même délai par le Maire des motifs pour lesquels le certificat de conformité ne peut être délivré et il est informé des sanctions légales dont il est passible ou des modifications à effectuer[205].

➢ **Les effets a posteriori du contrôle**

L'interruption des travaux peut être ordonnée soit sur réquisition du ministère public agissant à la requête du maire, du fonctionnaire compétent ou d'une association agréée de protection de l'environnement, soit d'office par le juge d'instruction ou par le tribunal correctionnel. Si l'autorité judiciaire ne s'est pas encore prononcée, le maire peut ordonner par arrêté motivé l'interruption des travaux.

Le dispositif en vigueur en France privilégie « les droits » acquis même irrégulièrement. En effet, lorsqu'une construction est achevée depuis plus de dix ans, le refus de permis de construire ou la déclaration préalable ne peut être fondé sur l'irrégularité de la construction initiale, sauf : Lorsque la construction est de nature, par sa situation , à exposer ses usagers ou des tiers à un risque de mort ou de blessure de nature à entraîner une mutilation ou une infir-

205 - Article 49 du Décret N° 2013/0042/PM du 23 Janvier 2013 modifiant et complétant certaines dispositions du décret N° 200/0739/PM du 23 Avril 2008 fixant les règles d'utilisation du sol et de la construction.

mité permanente; lorsqu'une action en démolition a été engagée dans les conditions prévues par la loi, lorsque la construction a été réalisée sans permis de construire[206].

b- Le contrôle à la fin des travaux : Le certificat de conformité

L'examen du déclenchement du contrôle sera au préalable effectué, pour ensuite s'attarder sur la délivrance proprement dite du certificat de conformité.

❖ **Le déclenchement du contrôle**

La mise en œuvre du contrôle passe par le respect de certains délais, et relève d'une autorité spécifique.

➢ **Les délais**

Dans un délai de trente jours à compter de la date d'achèvement des travaux, le bénéficiaire de la construction ou son mandataire établit une déclaration attestant cet achèvement, conformément au modèle fixé par arrêté du Ministre chargé de l'urbanisme. Dans le cas où les travaux soumis aux permis de construire ont été dirigés par un architecte, celui-ci déclare la conformité des travaux avec les prescriptions du permis de construire.

Cette déclaration, établie sur un formulaire national en trois exemplaires, doit être adressée par pli recommandé avec accusé de réception à l'autorité compétente.

➢ **L'autorité compétente**

Il incombe au service instructeur de la demande de permis de construire de s'assurer que les travaux ont été réalisés conformément au permis "en ce qui concerne l'implantation des constructions, leur destination, leur nature, leur aspect extérieur, leurs dimensions et l'aménagement de leurs abords". Au besoin, cette vérification est assurée par un récolement des travaux.

---

206 -DROBENKO (B.), *Droit de l'urbanisme 2014-2015*, op cit, pp 206-207.

Les plans de récolement[207] de l'ouvrage peuvent être exigés du requérant à l'établissement du certificat de conformité[208].

Le Maire s'assure, par le plan de récolement des travaux, qu'en ce qui concerne notamment l'implantation des constructions, leur destination, leur nature, leur aspect extérieur, leurs dimensions et l'aménagement de leurs abords, lesdits travaux ont été réalisés conformément au permis de construire[209]. Pour les immeubles recevant du public ou de grande hauteur, le Maire doit requérir les avis respectivement du Corps National des Sapeurs-Pompiers et du LABOGENIE.[210]

❖ **La délivrance du certificat**

Un premier arrêt sera fait sur la notion de conformité, avant l'appréciation proprement dite de la conformité.

➢ **La Notion de conformité**

Le certificat de conformité est l'acte par lequel le maire constate que l'ouvrage réalisé est conforme aux indications contenues dans les documents ayant fait l'objet de la délivrance du permis de construire ou du permis d'implanter dudit ouvrage. Il revêt un caractère obligatoire et doit mentionner le coût de l'investissement réalisé[211].

207-Le plan de récolement est un programme obligatoire qui intervient lorsqu'un travail de construction ou un chantier s'achève. En France, il doit suivre certaines exigences du cahier des clauses administratives générales (CCAG) (Article 29).
https://le-blog-de-la-maison.org/2019/03/13/plan-recollement%E2%80%89/

208 - Article 121 de la loi N° 2004/003 DU 21 AVRIL 2004 régissant l'urbanisme au Cameroun.

209 -Article 47 du décret N° 2008 / 0739 / PM du 23 AVRIL 2008 Fixant les règles d'utilisation du sol et de la construction au Cameroun.

210 - Article 48 du décret N° 2008 / 0739 / PM, op cit.

211 - *Idem*

L'objet du certificat consiste ainsi à vérifier que les travaux ont bien été réalisés conformément au permis, et uniquement en ce qui concerne l'implantation des constructions, leur destination, leur nature, leur aspect extérieur, leurs dimensions et l'aménagement de leurs abords. Tout refus fondé sur un autre motif serait illégal.

Ne peut donc fonder un refus de certificat le motif tiré : du défaut de versement d'une participation financière à la commune[212]; de l'illégalité du permis[213], quand bien même celui-ci aurait été obtenu par fraude[214]; du changement d'usage de la construction[215]; de la modification de l'aménagement intérieur d'un appartement par rapport aux plans annexés au permis[216]; du défaut de prise en compte des règles de construction[217] ; ou d'une prescription non prévue par le permis[218].

- **L'appréciation de la conformité**

L'intérêt du certificat de conformité est indéniable. L'administration qui constate le non-respect des termes du permis est en situation de compétence liée pour refuser de

212 - CE, 5 nov. 1975, Sté foncière Paris-Languedoc : Rec. CE, p. 546

213 - CE, 18 janv. 1980, Boussard : Rec. CE, p. 36. – 8 déc. 1982, Bert : Rec. CE, p. 412. – 25 nov. 1987, Mme Sauzède : Dr. adm. 1988, comm. n° 29

214 - CE, 9 févr. 1996, Cne Coulanges-les-Nevers : Rec. CE, p. 33

215 - CE, 4 nov. 1996, SARL Simofop : Rec. CE, p. 440 ; Dr. adm. 1996, comm. n° 593, note M. D.-L

216 - CE, 30 janv. 1995, M. et Mme Lambourdière : BJDU 1/1995, p. 64, concl. S. Fratacci

217 - CE, 24 juill. 1987, Sté d'études, de réalisation, de gestion immobilière et de construction : Rec. CE, p. 286 ; Mon. TP 4 mars 1988, p. 51

218 - CE, 25 oct. 1993, Cne Villars-les-Dombes : Rec. CE, tables p. 1114 ; Dr. adm. 1993, comm. n° 588 ; D. 1994, somm. p. 105, obs. H. Charles

délivrer le certificat.[219] Elle est pareillement tenue de retirer un certificat en cas d'illégalité si elle est saisie à cet effet à la suite d'un recours administratif[220].

Le certificat de conformité ne peut être délivré lorsque les travaux ne respectent pas les prescriptions du permis, qu'il s'agisse de travaux non réalisés concernant par exemple : Les exigences en matière de stationnement[221], la réalisation d'un accès[222]; ou qu'il s'agisse de travaux supplémentaires[223].

Le refus de délivrance du certificat au bénéficiaire du permis de construire peut naturellement faire l'objet d'un recours pour excès de pouvoir de la part de ce dernier.

En France, les tiers peuvent de leur côté contester la délivrance d'un certificat qui léserait leurs intérêts à des titres divers. Il en est ainsi : De la compagnie d'assurances de l'immeuble construit[224] ; de l'acquéreur du bâtiment concerné[225]; et même du voisin[226].Les tiers peuvent aussi

---

219 - CE, 26 nov. 1969, Sté agricole et forestière de l'Eure : Rec. CE, p. 540 ; AJDA 1970, p. 239, concl. M. Rougevin-Baville

220 - CE, 11 juin 1982, Plottet : Rec. CE, p. 217 ; Defrénois 1983, I, art. 33073, p. 710, note F. Moderne

221 - CE, 4 janv. 1974, Min. équip. et log. c/ compagnie d'assurances "Le Continent" : Rec. CE, p. 11

222 - CE, 20 janv. 1988, Mariac : Rec. CE, tables p. 963

223 -CE, 23 mai 1980, Nivault : RD publ. 1981, p. 792, construction d'une terrasse-balcon. – 4 nov. 1983, Épx Cazenave : Dr. adm. 1983, comm. n° 464, remblayage du terrain ayant nécessité la construction d'un mur de soutènement non prévu par le permis et ayant modifié sensiblement l'aspect de certaines façades

224 - CE, 4 janv. 1974, Min. équip. et log. c/ compagnie d'assurances Le Continent : Rec. CE, p. 11

225 - CE, 26 nov. 1969, Sté agricole et forestière de l'Eure : Rec. CE, p. 540. – 30 janv. 1995, M. et Mme Lambourdière : Rec. CE, tables p. 1096 ; BJDU 1/1995, p. 64, concl. S. Fratacci

226 - CE, 4 févr. 1976, Épx Ferry : Rec. CE, p. 86

attaquer les décisions de refus d'un certificat[227] en sollicitant à cet effet un contrôle juridictionnel.

2- Le contrôle juridictionnel de la conformité des constructions

Le contrôle juridictionnel est très variable et se situe dans le contexte d'un ensemble de notions non définies.

Il convient ainsi de préciser de prime abord que : Le contentieux du permis de construire est d'abord un contentieux de l'annulation, et ensuite, un contentieux de la responsabilité. Dans ces deux aspects ce contentieux est peu étoffé. C'est un contentieux classique d'annulation qui répond aux dispositions générales de la procédure administrative contentieuse prévues par les articles 17 à 19 de la loi n°2006/22 du 29 décembre 2006 fixant l'organisation et le fonctionnement des tribunaux administratifs. Dans le contexte administratif camerounais, ce contentieux peut naître tout d'abord de la contestation d'une décision de refus de délivrance d'un permis de construire par un pétitionnaire[228].Une autorisation illégale ayant été délivrée, l'action en responsabilité peut être engagée à la fois devant la juridiction judiciaire contre le bénéficiaire de l'autorisation et devant la juridiction administrative contre l'auteur de l'autorisation[229]. Le contrôle juridictionnel relève dès lors des juridictions administrative et judiciaire.

Il convient ainsi d'examiner la portée du contrôle juridictionnel (a), non sans avoir au préalable mis en exergue les caractéristiques du contrôle (b).

---

227 -CE, 25 oct. 1993, Commune Villars-les-Dombes : Rec. CE, tables p. 1114 ; Dr. adm. 1993, comm. n° 588, obs. S.D., recours intenté par la société qui avait construit un pavillon pour le compte de ses clients, bénéficiaires du permis de construire

228 - MPESSA (A.), « Le permis de construire à l'épreuve de la pression foncière et du développement urbain au Cameroun », op cit, P62.

229-**BOULISSET** (P), **ZARLI** (S), **PATRICK** (L), **DE CHANVILLE** (V), *Permis de construire 2013/2014*, op cit, p937.

a- Les caractéristiques du contrôle

Les notions de conformité, compatibilité ou de prise en compte n'ayant pas la même portée, le contenu des règles opposables confère à l'autorité compétente un pouvoir discrétionnaire d'appréciation.

L'intervention du juge consiste à vérifier l'incompétence, le vice de forme, le détournement de pouvoir, la violation de la loi, l'erreur de droit. Mais, son intervention est différente selon les hypothèses quant à la qualification des faits[230].

❖ **Les contrôles : Normal et minimum**

Il convient de s'attarder au préalable sur le contrôle normal, avant d'observer le contrôle minimum.

➢ **Le contrôle normal**

Le contrôle est qualifié de normal lorsqu'il porte sur la qualification juridique des faits[231].Ce contrôle intéresse habituellement la plupart des actes. Mais en droit de l'urbanisme, il est moins fréquent. Il intervient lorsque l'autorité qui prend la décision voit ses compétences précisément conditionnées, elle a compétence liée. C'est le cas lorsque le rapport de conformité s'impose soit entre documents, soit au regard de servitudes (d'urbanisme ou d'utilité publique).

En matière de permis de construire, ce contrôle a le plus souvent lieu dans le cadre des démolitions d'immeubles, de constructions.

La procédure suivie est la suivante : Le pétitionnaire doit d'abord adresser un recours gracieux préalable à l'autorité auteur de l'acte, prescrivant la démolition de l'immeuble. Les moyens développés doivent tendre à démontrer

---

230 - DROBENKO (B.), *Droit de l'urbanisme 2014-2015*, op cit, p 290.

231-CE, 4 Avril 1914, Gomel, Rec. P.488 : Règle posée à propos de l'appréciation des perspectives monumentales, place Beauvau.

que l'acte pris par l'autorité compétente est entachée d'illégalité : non-respect du délai de mise en demeure avant la démolition, violation des dispositions législatives ou réglementaires. Ce n'est qu'à la suite du rejet explicite ou implicite du recours gracieux que le pétitionnaire peut saisir le juge administratif. Depuis 2000, ce contentieux de démolition des immeubles par les communautés urbaines de Douala et Yaoundé s'est exacerbé, lorsque les délégués du gouvernement auprès des communautés urbaines de ces deux villes ont affiché leur ferme volonté de transformer leurs villes, en effectuant des opérations « coup de poing », consistant à expulser tous les occupants illégaux des emprises et des parcelles du domaine public fluvial naturel. Ces opérations, qui au départ étaient légitimes, ont été entachées d'illégalités. Les victimes n'ont pas manqué de mettre en cause la responsabilité de ces communautés urbaines sur le fondement de la faute. La délivrance d'un permis de construire n'est pas suffisante à légitimer les travaux de construction sur un terrain. En raison du principe de l'indépendance des législations, ces travaux peuvent être interdits s'il s'avère qu'ils sont effectués sur une parcelle du domaine naturel. Mais la démolition des immeubles déjà construits ne peut être opérée qu'en respectant le délai de mise en demeure prescrit par la loi. C'est ce qui ressort de l'affaire ***Waffo Wokam Lucie***[232].

Dans la ville de Yaoundé, et pour des faits similaires, les mêmes solutions ont été appliquées aux affaires ***Noubissi Christophe***[233], ***Mbida Joseph***[234]; sans omettre les affaires :

232 -CS/CA, Jugement n°183/2010 du 23 juin 2010, Waffo Wokam Lucie c/communauté urbaine de Douala

233 - CS/CA, Jugement n°285 du 22 septembre 2010, Noubissi Christophe c/Etat du Cameroun (CUY)

234 -CS/CA, Jugement n°190 du 7 septembre 2011, Mbida Joseph c/communauté urbaine de Yaoundé

Passo Jean Marie et ***dame Kenfack***[235], ***Mary Abeck Akwa***[236]. [237]

➢ **Le contrôle minimum**

Le contrôle est qualifié de minimum lorsque l'examen des faits est limité à l'erreur manifeste d'appréciation. Ce contrôle intervient de manière significative en droit de l'urbanisme où les autorités locales disposent d'un pouvoir discrétionnaire assez important. Ce qui est le cas par exemple pour la détermination du zonage du PLU[238] ou la délivrance de certaines autorisations telles le permis de construire.

Lorsque la décision de refus de délivrance du permis de construire résulte d'une décision explicite de la part de l'autorité administrative compétente, le pétitionnaire doit lui adresser un recours gracieux préalable dans les trois mois à compter de la notification de ladite décision. Il en est de même si cette autorité garde le silence pendant trois mois. C'est à la suite du rejet de ce recours gracieux préalable, que le pétitionnaire peut dès lors saisir le juge administratif d'un recours contentieux, soixante jours à compter de ce rejet. Pour des raisons sociologiques diverses, la peur de contester les décisions de l'administration, l'option irrépressible pour le règlement informel des litiges entre l'administration et les administrés, l'application de la réglementation du permis de construire donne lieu à peu de litiges devant le juge administratif camerounais. Mais, il arrive que quelques justiciables téméraires contestent devant le juge administratif les décisions de refus d'octroi du permis de construire.

---

235 -CS/CA, Jugement n°61 du 23 mars 2011, Passo Jean Marie et dame Kenfack c/ Etat du Cameroun (CUY)

236 -CS/CA, Jugement n°19 du 7 septembre 2011, Mary Abeck Akwa c/communauté urbaine de Yaoundé

237- MPESSA (A.), « Le permis de construire à l'épreuve de la pression foncière et du développement urbain au Cameroun », op cit, P 63.

238 -CE Sect, 23 Mars 1979, Commune de Bouchemaine, Rec. p. 127, concl. Labetoulle

Cette illustration nous est fournie par l'affaire ***SCI SI-NAHA***[239].Une affaire curieuse qui a commencé par le contentieux de l'annulation et s'est terminée par le contentieux de l'indemnisation. En l'espèce, le promoteur de la société immobilière SINAHA avait déposé le 23 mars 2011 un dossier de demande de construire pour un immeuble à usage des bureaux sur son terrain situé au quartier NTOUGOU à Yaoundé et objet du titre foncier n°27309 du 23 juin 1999. Par lettre du 27 avril 2011 le délégué du gouvernement auprès de la communauté urbaine de Yaoundé, lui signifia un refus pour la kyrielle de motifs suivants : Le projet de construction de l'immeuble est dans une zone non appropriée ; il est situé dans une zone de restructuration ; il est non conforme aux reculs ; il est dans une zone déclarée d'utilité publique ; il est dans un vaste lotissement ; il est dans un espace réduit ; il est dans une zone d'espace vert, zone sensible.

Pour couronner le tout, et afin de justifier le refus de délivrance du permis de construire, le délégué du gouvernement auprès de la communauté urbaine de Yaoundé prendra un arrêté déclarant d'utilité publique les travaux d'aménagement de ce terrain en espace vert. A l'examen, tous ces motifs et d'autres arguties développées du délégué du gouvernement auprès de la communauté urbaine de Yaoundé se révélèrent vains. Ce qui conduit le juge administratif à formuler l'objection suivante : «Attendu que cet argumentaire qui déplace le problème né du refus de délivrance intervenu le 19 juillet 2011 et à l'origine du présent recours, à celui de l'arrêté de déclaration d'utilité publique, pris le 23 novembre 2011 est non justifié; Qu'en effet l'introduction du présent litige suivant recours gracieux du 26 septembre 2011 reçu le 5 octobre 2011 à la communauté ur-

239 - CS/CA, Jugement n°186 du 26 septembre 2012, SCI SINAHA c/communauté urbaine de Yaoundé

baine de Yaoundé, basée sur le rejet de la demande du permis de construire notifié au recourant le 20 juillet 2011 est antérieure à l'intervention de l'arrêté d'expropriation le 23 novembre 2011; qu'il s'ensuit que l'exception d'irrecevabilité soulevée n'est pas justifiée et qu'elle doit être rejetée ».

Le litige ayant pris une autre tournure à la suite de l'accord intervenu entre les parties, la requérante ayant accepté un protocole d'indemnisation du préjudice subi du fait du refus de délivrance du permis de construire et de l'expropriation indirecte de son terrain, la nouvelle cause devint celle du montant de cette indemnisation : « Attendu que dans sa lettre de refus de permis de construire du 19 juillet 2011, la source du préjudice dont la réparation est sollicitée, le délégué du gouvernement auprès de la communauté urbaine de Yaoundé écrit : J'ai l'honneur de vous demander de vous rapprocher de mes services techniques pour les modalités d'indemnisation.. Que cette offre d'indemnisation a été acceptée par la SCI SINAHA qui, après avoir explicitement dans son mémoire en réplique, renoncé à la demande d'annulation de l'acte de rejet du délégué du gouvernement, a sollicité qu'il lui soit donné acte de cette acceptation ; qu'il se déduit de l'offre libre d'indemnisation du préjudice causé par l'acte administratif pris par le délégué du gouvernement et de l'acceptation de cette offre donnée, que ledit acte ne peut être remis en cause.

Qu'il y a lieu de faire droit à la demande de donner acte présentée par la SCI SINAHA ; que le préjudice causé par un acte administratif doit être entièrement réparé. Attendu que face à l'absence d'accord parties sur le montant de la réparation intégrale du préjudice subi, la SCI SINAHA a sollicité l'allocation de la somme de un milliard cent cinquante-quatre millions neuf cent vingt-quatre mille deux cent quarante Francs ventilée comme suit: Valeur vénale du terrain 822.600.00 - frais de notaire et d'enregistrement

44.152.840 - frais d'architecture 29.194.755francs - frais d'étude de géotechnique du sol 7.166.925 francs - taxe foncière 1.809.720 - préjudice moral 300.000.00francs........ Attendu qu'il s'avère qu'en refusant de délivrer un permis de construire à la SCI SINAHA par l'acte qui intègre par ailleurs irrégulièrement sa propriété dans le domaine public, la communauté urbaine de Yaoundé a causé à cette société un préjudice certain ; que le préjudice causé par un acte administratif doit être entièrement réparé ».

Voici la communauté urbaine de Yaoundé condamnée à payer des dommages intérêts pour l'exécution d'un acte administratif illégal, le refus injustifié de délivrance du permis de construire, aggravé par l'édiction d'un acte déclaratif d'utilité publique tout aussi illégal. D'autres affaires déférées devant le juge administratif, et concernant les activités de construction ont permis de sanctionner les agissements des collectivités territoriales décentralisées.[240]

❖ **Les contrôles spécifiques du droit de l'urbanisme**

En droit de l'urbanisme, la frontière n'est pas aussi précise entre le contrôle normal et le contrôle minimum. Il en résulte que le contrôle minimum tend à se rapprocher souvent du contrôle normal. C'est le cas notamment lorsque le juge vérifie la motivation de certaines décisions (de refus par exemple qui doit précisément être motivé ou parce qu'est en cause le droit de propriété) ou qu'il voit son champ de contrôle étendu du fait de la diversité des principes et des règles supra locales.

En revanche, le contrôle normal peut devenir plus limité, notamment en application de la notion de compatibilité. Ce contrôle peut aussi devenir plus poussé lorsque les textes

---

240 - MPESSA (A.), « Le permis de construire à l'épreuve de la pression foncière et du développement urbain au Cameroun », op cit, P62.

eux-mêmes l'imposent. C'est le cas lorsque les textes admettent des dérogations conditionnées à des règles en vigueur[241].

Le droit de l'urbanisme constituant une police administrative spéciale, le contrôle du juge va aussi porter sur le champ d'application de la matière. De ce point de vue, la mise en œuvre des polices pourtant connexes au champ de l'urbain conduira le juge à appliquer le principe d'indépendance des législations[242].

b- La portée du contrôle juridictionnel

La portée du contrôle juridictionnel s'analyse au regard des actes individuels, et aussi au regard des actes réglementaires.

❖ **La portée au regard des actes individuels**

Le recours contre un acte individuel peut avoir des effets significatifs à la fois pour son bénéficiaire, pour l'auteur de l'acte contesté et les tiers.

Il convient dès lors d'observer les effets généraux, et les garanties pour les requérants de certaines autorisations.

➢ **Les effets généraux**

Les autorisations d'urbanisme génèrent un contentieux administratif diversifié. L'absence d'une réelle concertation préalable (Confère Convention d'Aarhus[243]), le déficit de moyens de la police de l'urbanisme et une instabilité croissante des règles locales entraîne son développement.

L'édification d'un immeuble ou la démolition d'une construction ayant été entrepris, l'annulation de la décision pose diverses questions d'ordre juridique et matériel. De plus, l'annulation d'une autorisation peut porter sur son octroi, mais elle peut aussi porter sur son refus ou le sursis à

241 -CE Ass., 18 Juillet 1973, ville de Limoges, Rec. P.530

242 -DROBENKO (B), Droit de l'urbanisme 2014-2015, op cit, p 292.

243 -Convention d'Aarhus de 1998 sur l'accès à l'information, la participation du public au processus décisionnel et l'accès à la justice en matière d'environnement

statuer, voire sur ses conditions de mise en œuvre. Les juridictions apprécient la légalité de l'acte individuel au regard du droit applicable à la date de la décision elle-même (octroi ou refus).

En raison du caractère exécutoire des décisions administratives dès leur notification, si elles sont expresses ou leur acquisition tacite, les travaux sont souvent engagés rapidement. Dès lors, hormis l'hypothèse de l'obtention d'une suspension en urgence, lorsque l'annulation intervient, le projet est achevé ou en voie de l'être. Il en résulte que la portée de ce contentieux se trouve atténuée. La possibilité pour le juge d'engager une régularisation sur une illégalité « isolée » peut limiter certains de ces effets.

Par ailleurs, l'annulation d'un acte individuel a pour effet d'annuler les actes qui sont considérés comme inséparables. Pour un permis de construire, il en est ainsi du certificat de conformité ou de l'arrêté d'interruption des travaux. Toutefois, cette annulation peut ne porter que sur une partie des éléments qui a conduit à délivrer l'autorisation, certains éléments sont donc détachables[244].

L'annulation d'un acte individuel positif n'a pas pour effet d'entraîner la démolition des constructions déjà intervenues. Les juges administratifs n'ont pas compétence pour ordonner la démolition éventuelle d'une construction après annulation de l'acte qui l'a autorisée[245]. Les juridictions judiciaires seront saisies soit pour demander la démolition et le cas échéant des dommages et intérêts, soit au titre des poursuites pénales en cas d'infraction.

L'annulation d'un refus d'acte individuel n'a pas pour effet d'octroyer la décision demandée, mais le pétitionnaire dispose à ce titre de garanties.[246]

---

244 -CE, 23 Mars 1994, Chalvet, LPA 24 Octobre 1994, P13.

245 -CE, 6 Septembre 1993, Laverlochère, D. 1993, IR, P. 224.

246 - DROBENKO (B), Droit de l'urbanisme 2014-2015, op cit, PP 292-293.

➢ **Les garanties pour les requérants de certaines autorisations**

L'annulation d'un refus d'autorisation constitue pour le pétitionnaire, une situation particulière puisque les règles en vigueur étant susceptibles d'évoluer, il n'est plus certain que la même demande consécutive à l'annulation d'un refus puisse faire l'objet d'un octroi.

Pour pallier ces inconvénients, en France, a été instauré un dispositif garantissant la situation juridique des requérants en cas d'annulation d'une décision d'urbanisme, puisque dans ce cas, « la demande de l'autorisation ou l'autorisation confirmée par l'intéressé ne peut faire l'objet d'un nouveau refus, ou être assortie de conditions spéciales sur le fondement de dispositions d'urbanisme intervenues postérieurement à la date d'intervention de la décision annulée sous réserve que l'annulation soit devenue définitive et que la confirmation de la demande ou de la déclaration soit effectuée dans les six mois suivant la notification de l'annulation par le juge».[247]

En fait, deux conditions sont posées au requérant : Que la décision d'annulation soit définitive et que la demande intervienne dans les six mois de la notification de l'annulation de première instance, d'appel ou de cassation suivant le cas.[248]

Le texte impose de préciser cependant deux notions. La première est relative à la nature des décisions concernées. Si les permis et la déclaration préalable sont au nombre de ces possibilités, les juridictions considèrent qu'un sursis à statuer entre dans cette catégorie, mais qu'un certificat d'ur-

---

247 -Article L600-2 du code français de l'urbanisme.

248 -La décision définitive étant celle qui n'est plus susceptible de recours, tel l'arrêt de cour d'appel non contesté en cassation : TA Versailles, 14 Mai 1996, Sanglier contre Commune de Jouy-en –Josas, BJDU n°4 1996, P 252 ; concl. J.P. Demouveaux.

banisme en est exclu. La seconde concerne « les dispositions d'urbanisme » intervenues postérieurement ». Si les servitudes d'urbanisme instaurées nouvellement, tant au niveau national que local, par les documents d'urbanisme sont directement intéressées, ainsi que le classement d'un terrain en espace boisé classé, les servitudes d'utilité publique en sont exclues.

Seul le pétitionnaire qui a obtenu l'annulation peut invoquer la confirmation de sa demande[249].[250]

❖ **La portée au regard des actes réglementaires**

L'annulation d'un acte réglementaire peut porter sur l'ensemble de ses dispositions ; elle est le plus souvent partielle, elle vaut à l'égard de tous. Cette annulation a pour effet de rendre à nouveau effectif le règlement auquel cet acte annulé s'était substitué.

Le contentieux des actes réglementaires d'urbanisme génère des effets quant au droit territorialisé, mais aussi au regard des décisions.

➢ **Les effets quant au droit territorialisé**

Ces effets sont variables selon qu'ils concernent une procédure particulière (révision, modification), un acte de procédure (prescription, approbation), ou l'ensemble du document.

Concernant les annulations partielles, telles celles concernant un zonage d'un PLU, les juridictions administratives admettent la divisibilité de certaines dispositions de l'ensemble du document. Il en résulte que ces illégalités n'affecteront que ces parties. L'autorité compétente établit de nouvelles dispositions.

---

249 -CAA Paris, 25 Juin 2002, Mme Chapiteau, Req. n° 98PAO1466, AJDA 7 Octobre 2002, P. 938. Obs. J.-p. Lebreton : où le propriétaire du terrain ne peut se substituer au pétitionnaire.

250 - DROBENKO (B.), *Droit de l'urbanisme 2014-2015*, op cit, p 293.

- **Les effets sur les décisions**

En raison du contenu des documents locaux d'urbanisme et des effets variables (instauration du droit de préemption, emplacements réservés, espaces boisés classés), l'annulation d'un document local d'urbanisme génère donc des effets juridiques au-delà du document lui-même : C'est bien l'ensemble des actes et des décisions susceptibles d'intervenir qui sont concernés.

De ce point de vue, l'annulation d'un document local d'urbanisme entraîne l'annulation des actes qui lui sont directement attachés. Ainsi l'annulation d'un PLU entraîne l'illégalité de la décision instituant le droit de préemption urbain[251].

Cependant, cette approche doit être atténuée pour les décisions d'urbanisme qui ne constituent pas un acte d'application des documents d'urbanisme ; il en résulte donc que l'annulation de ce document n'entraîne pas de fait celle de l'autorisation. Il s'agir d'établir le lien entre la disposition annulée et la délivrance de l'autorisation, telle une autorisation de lotir[252].Il appartient donc aux juridictions de rechercher ce lien[253], cette annulation interviendra lorsque l'illégalité du document d'urbanisme pote sur une disposition qui permet directement la délivrance de l'autorisation.

---

251 -CE, 1er Décembre 1993, Chiarazzo, Rec. P.334.

252 -CE, 28 Juillet 2000, Commune de Port Vendes, Req. N° 198318 : L'illégalité du POS entraine celle de l'autorisation de lotir.

253 -CE, 19 Mai 1993, Compagnie générale des eaux, Req N°74771 ; CE, 1er Avril 1998, Région Auvergne C/Association Puy de Dôme environnement et autres, Req. N° 192856.

A l'issue de cette analyse sur le permis de construire comme acte de contrôle de la destination foncière, c'est-à-dire avec un contrôle opéré a priori et a posteriori par le permis de construire, il convient de dire que le permis de construire n'œuvre pas uniquement pour l'administration, mais aussi pour l'administré et participe à la satisfaction des besoins collectifs.

Le contexte actuel est plus qu'alarmant. La montée en puissance de l'effondrement des maisons ; mais aussi un contentieux de démolition des immeubles par les communautés urbaines de Douala et Yaoundé ; au Cameroun est exacerbé.

En France, avec l'impact des changements climatiques, les inondations des maisons sont de plus en plus légion.

''Il est regrettable que de tels dysfonctionnements persistent au moment où les États sont résolument engagés dans la résilience face aux changements climatiques.

En outre, l'incitation à l'investissement privé, la lutte contre le désordre urbain, l'occupation anarchique des espaces dans nos villes font également partie des priorités dans divers pays''.[254]

---

254 - Lettre circulaire N° 0006/E/2/PL/MINDHU du 26 Avril 2013 relative à la mise en place des commissions d'examen des actes administratifs d'urbanisme.

CONCLUSION

L'étude sur le permis de construire dans le droit de l'urbanisme a permis de mettre en évidence deux aspects du permis de construire : Un acte participant à la certification foncière et un autre aspect par lequel il est un acte de contrôle de la destination foncière.

S'agissant du permis de construire comme acte participant à la certification foncière, l'analyse permet de distinguer la certification à travers le permis de construire, de la technique de certification par le biais du permis de construire. Il est apparu un encadrement de cette certification quelque peu lacunaire, inadapté à l'évolution du monde actuel. Un monde tourné vers les nouvelles technologies. Le modèle adopté par des villes telle Kigali au Rwanda est celui des procédures dématérialisées[255]. Cela passe notamment par le biais du "Online Construction Permit Management Information System".

A propos de la certification à travers le permis de construire, le constat d'une insuffisance de clarté des textes a pu être fait. Que ce soit au niveau de la composition du dossier de permis de construire que de la délivrance de celui-ci, il est toujours apparu un manque de précision de la part des textes. Cette situation se justifie par la réticence des structures administratives à élaborer des normes afin d'apporter plus de précisions au caractère général de la réglementation.

De la même manière, la procédure d'obtention du permis de construire est devenue assez rapide, avec notamment

255-L'article 62 de la loi française n° 2018-1021 du 23 novembre 2018 portant évolution du logement, de l'aménagement et du numérique (loi ELAN) prévoit que toutes les communes de plus de 3 500 habitants devront avoir des procédures dématérialisées pour recevoir et instruire les demandes d'autorisation d'urbanisme et certificat d'urbanisme au 1er janvier 2022.

la réduction des délais au niveau de l'instruction. Seulement, les conditions de forme laissent quelque peu perplexe face à une imprécision chronique et aussi le dossier est de nature à jeter les profanes dans le désarroi.

Relativement au permis de construire comme acte de contrôle de la destination foncière, il s'est agi de montrer le déroulement du contrôle pendant l'étude de la demande du permis de construire, et aussi le contrôle a posteriori à partir du permis de construire.

Pour ce qui est du contrôle pendant l'étude de la demande du permis de construire, il ressort d'après les textes que l'administration effectue un travail assez méticuleux. Ce contrôle se déroule par le biais des Instructions technique et conjointe, ainsi qu'à travers l'enquête publique et les instructions de dérogations.

Quant au contrôle a posteriori à partir du permis de construire, il faut dire l'effondrement des maisons relève d'une situation surréaliste face au contrôle administratif. Ce contrôle est effectué en cours de réalisation des travaux, ainsi qu'à la fin des travaux. Bien plus, un certificat de conformité est délivré en cas d'adéquation des travaux de construction au permis de construire. En outre, des sanctions subséquentes sont prises lorsque le constructeur ne respecte pas les termes du permis. Le contrôle juridictionnel a de son côté des variantes assez spécifiques. C'est l'hypothèse où l'administration est sanctionnée si elle prend une décision arbitraire.

L'étude proposée n'a guère prétention d'avoir épuisé le débat sur la fonction du permis de construire dans le droit de l'urbanisme.

Au terme de cette réflexion, s'il faut relever une constance ici, c'est le besoin de protection de l'administré. Protection qui se justifie aussi bien en amont dans la certification foncière, qu'en aval dans le contrôle de la destination foncière.

BIBLIOGRAPHIE

I-OUVRAGES

1- BEAUD (M), *L'art de la thèse*, Nouvelle édition, La Découverte, 2006, 202p.

2- BERGEL (J-L), *Théorie générale du droit*, 2e éd, Dalloz, 1989, 342 p.

3-BERNARD (F-C), *Guide des contentieux de l'urbanisme*, Lexis Nexis, 01/2014, 410p.

4- BINYOUM (J), *Les Grands arrêts de la jurisprudence administrative camerounaise*, août 2008, 281p.

5-BOULISSET (P), ZARLI (S), PATRICK (L), DE CHANVILLE (V), *Permis de construire 2013/2014*, 2ème édition, Delmas, 24/04/2013, 1068p.

6-DEBBASCH (Ch.), *Institutions et Droit administratifs / l'action et le contrôle de l'administration,* éd. PUF, Paris, coll. Thémis Droit, 687 p.

7-DIOP (D), *Dynamiques territoriales, décentralisation et enjeux de développement local dans la moyenne vallée du fleuve Sénégal. Cas des communes rurales de la région de Matam*, l'Harmattan, 2004, 896 p.

8-DIOP (D), *Décentralisation et gouvernance locale au Sénégal : Quelle pertinence pour le développement local* ? l'Harmattan-Etudes africaines, 2006, 267p.

9-DROBENKO (B), *Droit de l'urbanisme*, Mémentos LMD, Gualino, 3ème édition, 08/2006, 336p.

10- DROBENKO (B), *Droit de l'urbanisme 2014-2015 : Les conditions d'occupation du sol et de l'espace- L'aménagement et le contrôle de l'utilisation du sol et de l'espace-Le financement des équipements- Le contentieux*, Gualino, 19 août 2014, 320p.

11-DZEUKOU (G.B.), *Code de l'urbanisme, de la construction et de l'habitat*, Editions juridiques camerounaises, 1ère édition, 2010, 692 p.

12-EISENMANN(C.), *Cours de droit administratif*, tome1, Paris, LGDJ, 1982, 788p.

13-European 12, *La ville adaptable\1*, European, 29/08/2014, 399p.

14-GEHL (J), Pour des villes à échelle humaine, Ecosociété, 19/05/2013, 212p.

15-GERARD (P), *Urbanisme réglementaire, individuel et opérationnel*, Eyrolles, 7 Juillet 2011, 294p.

16-GERARD (P), *Pratique du droit de l'urbanisme : Urbanisme réglementaire, individuel et opérationnel*, Eyrolles, 17 Octobre 2013, 328p.

17-GINTRAC (C.), GIROUD (M.), *Villes contestées. Pour une géographie critique de l'urbain*, Les prairies ordinaires, 23/10/2014, 399p.

18-G.R.I.D.A.U.H, *Droit de l'aménagement, de l'urbanisme et de l'habitat 2014*, Le moniteur, 06/2014, 666p.

19-GUIFFO (J-P), *Le droit de l'urbanisme et de la construction au Cameroun*, Essoah, 2007, 303p.

20-HOCREITERE (P), GUEGUEN (V), *Le plan local d'urbanisme*, Berger-Levrault, 2009,783p

21-IYA (M), *Les plans d'urbanisme et la maîtrise de la gestion de l'espace au Cameroun*, annales de la faculté des

Arts, lettres et sciences humaines (FALSH) de l'Université de Ngaoundéré, volume V, 2000.

22-JACQUIGNON (L), *Le droit de l'urbanisme*, Eyrolles, 1965, 154p.

23-JACQUOT (H), PRIET(F), *Droit de l'urbanisme*, précis Dalloz, 3ème édition, 1998, 762p.

24- JACQUOT (H), PRIET (F), *Droit de l'urbanisme*, précis Dalloz, 6ème édition, 03/2008, 992p.

25-JACQUOT (H), *Droit de l'urbanisme*, Dalloz, 2ème édition, 1989,712p.

26-KAMTO (M), *Droit et pouvoir en Afrique : essai sur les fondements du constitutionnalisme dans les Etats d'Afrique noire francophone*, Paris, LGDJ, Bibliothèque Africaine et Malgache, 1987, 545p.

27- KAMTO (M), *Droit administratif processuel du Cameroun, Que faire en cas de litige avec l'administration ?* PUC, 1990, 256p.

28-KOUOMEGNE NOUBISSI (H), *Décentralisation et centralisation au Cameroun : La répartition des compétences entre l'Etat et les collectivités locales*, l'Harmattan, collection études africaines, 03/2013, 496 p.

29-LEFEBVRE(F), *Urbanisme-construction, 2014-2015*, Memento pratique, 12/2013,1529p.

30-MANDESSI BELL (E.), *Droit foncier au Cameroun, aspects théorique et pratique*, ouvrage dactylographié, 1985, Tome1, 335 p.

31-MORAND-DEVILLER (J), *Droit administratif des biens*, Montchrestien, 5ème édition, 2007, 859p.

32-MORAND-DEVILLER (J), *Droit de l'urbanisme*, Deboeck secundair, 1er Janvier 1996, 251p.

33-NLEP (R-G), *L'administration publique camerounaise, "contribution à l'étude des systèmes africains d'administration publique"*, Paris, LGDJ, 1986, 405p.

34-NYAMA (J M), *Régime foncier et Domanialité publique au Cameroun*, Presses de l'UCAC, 2012, 390p.

35- OLINGA (A-D), *La constitution de la République du Cameroun*, PUCAC, Yaoundé 2006, 326p.

36-ONDOA (M) (Dir), *L'administration publique camerounaise à l'heure des réformes*, L'Harmattan, Novembre 2010, 318p.

37- OWONA (J), *Le contentieux administratif de la République du Cameroun*, L'Harmattan, 2011, 230p.

38-OWONA (J), *Domanialité publique et expropriation pour cause d'utilité publique au Cameroun*, L'Harmattan, 12/2012, 126p.

39-PELLETIER (J), DELFANTE (C), *Ville et urbanisme dans le monde*, 4ème édition, Armand Colin, U Géographie, 19/02/2000, 199 p.

40-PRIET (F), *La décentralisation de l'urbanisme*, tome 2, LGDJ, 01/1995, 446 p.

41-SAVARIT-BOURGEOIS (I), *L'essentiel du Droit de l'Urbanisme*, Gualino, Août 2014, 180p.

42-SEYDOU (T), *Les documents d'urbanisme*, Lamy Axe droit, 07/2012, 296p.

43-SOLER-COUTEAUX (P), *Droit de l'urbanisme*, Dalloz, 1996, 936p.

44-TASSOU (A), *Urbanisation et décentralisation au Cameroun. Essai d'analyse historique de la gestion urbaine (1900-2012)*; 08 Avril2013, 220 p.

45-TIENTCHEU NJIAKO (A), *Droits fonciers urbains au Cameroun*, P.U.A., 2003, 546 p.

46- TIENTCHEU NJIAKO (A), *Droits réels et domaine national au Cameroun, P.U.A., 2009, 484p.*

47- TIENTCHEU NJIAKO (A), *Le titre foncier au Cameroun*, Arika, 2009, 328 p.

48-TJOUEN (A.-D.), *Droits domaniaux et techniques foncières en droit camerounais, (étude d'une réforme législative)*, éd. Economica, Paris, 1982, 204 p.

II-THESES, MEMOIRES ET COURS

A- THESES

1-ABANE ENGOLO (P-E), L'application *de la légalité par l'administration au Cameroun,* Thèse de doctorat PHD en Droit Public, Université de Yaoundé II, 2009, 515p.

2-BETI ETOA (C), *Droit de l'urbanisme et droit du domaine public. Rencontre de deux ensembles normatifs distincts*, Thèse de doctorat en droit, Université Montesquieu-Bordeaux IV, Droit, Sciences sociales et politiques, 2007, 429p.

3-EBANG MVE (U.N.), *Le titre foncier au Cameroun : Recherche sur la spécificité d'un acte administratif unilatéral*, Thèse de doctorat PHD en droit public, Université de Yaoundé II, Faculté de Sciences juridiques et politiques, Département de Droit public interne, 2010, 546p.

4-GUIMDO DONGMO (B-R), *Le juge administratif et l'urgence : recherche sur la place de l'urgence dans le contentieux administratif camerounais*, Thèse de doctorat d'État en Droit Public, Université de Yaoundé II, FSJP, 27 mars 2004, 610p.

5-JURVILLIERS-ZUCCARO (E), *Le tiers en droit administratif*, Thèse en vue de l'obtention du grade de Docteur en Droit (Doctorat nouveau régime – Droit public, mention Droit administratif), Université de Nancy 2, Faculté de Droit, Sciences-économiques et Gestion, Présentée et soutenue publiquement le 13 juillet 2010, 602p.

6-MAMADOU DAYE (S), *Les transformations urbaines dans les villes du sud : L'exemple de st Louis du Sénégal*. Thèse de doctorat en géographie et aménagement. Université de Toulouse-Le Mirail, Département de géographie Aménagement, Décembre 2005, 326p.

7-MPESSA (A), *Essai sur la notion de régime juridique des biens domaniaux au Cameroun*, Thèse de doctorat en droit, Université de Paris I - Panthéon Sorbonne, 29 juin 1998, t.1et 2

8-NGOMSIK KAMGANG (J), *Evolution dans la région de l'Afrique centrale des règles foncières et de l'urbanisme : L'exemple du Cameroun.* Thèse de doctorat : Droit public. Université de Limoges, Faculté de droit et de sciences économiques, Décembre 2012, 888p.

9-TCHAPMEGNI (R), *Le contentieux de la propriété foncière au Cameroun ; Thèse de doctorat en droit privé.* Université de Nantes, Faculté de droit et des sciences politiques, Juillet 2008, 532p.

B- MEMOIRES

1-ABANE ENGOLO (P-E), *le régime juridique des déguerpissements au Cameroun*, mémoire de DEA droit public interne, Université de Yaoundé II, 2005-2006, 113 p.

3-BOULLET (V), *Le sort des constructions illégales en droit de l'urbanisme*, mémoire du Master 2 professionnel « Droit immobilier, construction, urbanisme », Université Montpellier 1 Faculté de droit et de science politique, 2011, 99p.

4-ESSIMI (F-O), *Les caractères de l'expertise dans la procédure administrative contentieuse*, mémoire de DEA droit public interne, Université de Yaoundé II, 2010-2011, 200p.

5-GARCIA (E), *L'extension limitée de l'urbanisation dans les espaces proches du rivage (Article L 146-4 II du code de l'urbanisme)*, mémoire de DEA droit immobilier privé et public, Université de Nice-Sophia-Antipolis, Faculté de droit, de sciences économiques et de gestion, 1996-1997, 88p.

8-NKOA NZIDJA (A.L.), *La faute de l'Administration en matière foncière au Cameroun*, Université de Yaoundé II-Diplôme d'études approfondies en droit privé 2008, 150p.

9-NZALI (S.Y.), *L'utilisation des véhicules de l'administration publique en droit camerounais*, mémoire de DEA droit public interne, Université de Yaoundé II, 2010-2011, 180p.

10-PAOLI (C.), *La reconstruction à l'identique après un sinistre, un droit législatif incertain*, Master II professionnel « Droit et métiers de l'urbanisme et de l'immobilier » Centre d'Etudes Juridiques et d'Urbanisme, Université Paul Cézanne Aix-Marseille III, Faculté de Droit et de Science Politique, 2005/2006, 127p.

III-ARTICLES ET ETUDES

1. ABA'A OYONO (J.C.), « Expropriation pour cause d'utilité publique », in *Juridis périodique*, n° 32 octobre-novembre-décembre 1997, pp 29-38.
2. ABANE ENGOLO (P.E.), « La pratique des déguerpissements publics en droit camerounais » dans L'administration publique camerounaise à l'heure des reformes, (SD) ONDOA (M.), Paris, L'Harmattan, 2010, PP217-240.
3. ASSAKO (ARJ), « critique de la politique urbaine du Cameroun : Instrument, résultats et évaluation », *Revue de géographie du Cameroun.*
4. BIPOUN WOUM (J.M.), « Recherches sur les aspects actuels de la réception du droit administratif français dans les Etats d'Afrique noire francophone. Le cas du Cameroun », *RJPIC*, 1972, N°3, PP359-389.
5. Cameroun vision 2035, document du ministère de l'économie, de la planification et de l'aménagement du territoire, Février 2009.
6. Carte communale du Cameroun (2007-2013), Le communal, édition spéciale, FEICOM Cameroun, 2013.
7. DANG (E), « L'urbanisation au Cameroun et le cas particulier de la capitale, Yaoundé, à viabiliser, à moderniser et à construire », Septembre 2011 sur www.estherdang.net.

8. FANSI (P.M.), « La situation juridique des occupations du domaine national », conférence sur le foncier, thème : La problématique de la propriété foncière au Cameroun, hôtel de ville de Mbalmayo 18 nov. 2005.
9. FRANQUEVILLE (A), « Croissance démographique et immigration à Yaoundé », *Les cahiers d'outre-mer*, octobre-décembre 1979.
10. GIGON (E), SPONCHIADO (L.), « Recherches sur les actes juridiques unilatéraux à plusieurs auteurs », *Jurisdoctoria* n° 7, 2011, PP 17-44.
11. KAMTO (M.), « Introduction au droit de l'urbanisme du Cameroun », *RDP*, N°6, 1989, PP1609-1646.
12. LEMASURIER (J.), « La cacophonie juridique du contentieux de l'expropriation » in Mélanges en hommage à Roland DRAGO, l'unité du droit, Economica, 1996, 503pp, pp427-445.
13. MEBENGA (M.), « Le droit et ses pratiques : Expériences camerounaises » dans Repenser les droits africains pour le XXIe siècle, (S.D) MWISSA KUYU (C.), Menaibuc, 2001, PP 69-85.
14. MOUTILA BENI (L), « Planification urbaine au Cameroun : Nature, origine et défis », 15 Octobre 2013, 16p sur www.Hypothèses.org.
15. MPESSA (A.), « Le permis de construire à l'épreuve de la pression foncière et du développement urbain au Cameroun », in *SOLON, Revue Africaine de parlementarisme et de démocratie*, Volume III, N°7, Août 2013,238p. PP43-68.
16. NDZUENKEU (A), « L'efficacité de la répression des atteintes à la propriété foncière et domaniale », conférence sur le foncier, thème : La problématique de la propriété foncière au Cameroun, hôtel de ville de Mbalmayo, 18 nov. 2005.
17. NGNIKAM (E), « Le DSRP est-il une réponse pour améliorer l'accès à l'eau potable des populations pauvres

dans les PED ?», Université de Montréal, Pôle de recherche sur le développement, Janvier 2007.

18. NGUEMA (R-M), « Politique de déguerpissement et processus de restructuration des territoires de Libreville (Gabon) », 22/1/2014 sur www.espacepolitique.revues.org.

19. NOGUELLOU (R), « Où en est le droit de l'urbanisme ? », *RFDA* 2012, PP 849-857.

20. OLEMBA OLEMBA (P-F), Expansion de l'habitat insalubre à Yaoundé : Essai d'approche explicative (IFORD).

21. ONDOA (M.), « Le droit administratif français en Afrique francophone : Contribution à l'étude de la réception des droits étrangers en droit interne », *RJPIC*, vol 56, N°3,2002, PP287-331.

22. OWONA MBALLA (R.), « Le « temps d'effet » de la décision administrative en droit positif camerounais » dans Jurisdoctoria n° 7, 2011, PP45-72.

23. PACES (J.), « Le secret professionnel. Eléments de réflexion » sur ANDESI, septembre 2013.

24. PRIET (F), « La décentralisation de l'urbanisme : Bilan et perspectives », 1992 sur Cairn.info.

25. PROUZET (M.), « Politique foncière de l'Etat dans l'aménagement urbain » in *Enjeux fonciers en Afrique noire*, Etudes réunies et présentées par LEBRIS(E), LEROY (E), LEIMDORFER (F.), Karthala, 1983,544p. PP 325-329.

26. YOUANA (J.), « Gestion foncière et discipline urbanistique au Cameroun. Apports et limites du permis de bâtir » dans *Revue de géographie du Cameroun*, Vol XII, 1996, N°2, PP

IV-ACTES DE COLLOQUES ET RAPPORTS

1. BAD, *étude diagnostique pour la modernisation des secteurs du cadastre et des domaines*, Novembre 2009.

2. Conférence sur le foncier, thème : La problématique de la propriété foncière au Cameroun, hôtel de ville de Mbalmayo, 18 nov.2005.

3. MAETUR, Séminaire d'information des parlementaires sur la politique du gouvernement en matière de promotion des logements sociaux au Cameroun (18 Juin 2014).

4. MINDUH, Communauté urbaine de Yaoundé, Yaoundé 2020, plan directeur d'urbanisme-Rapport de présentation, Août 2008.

5. NTOUMBA (G- E), *Planification urbaine au Cameroun : Cas de la Ville de Yaoundé*.

6. Présentation du Plan Directeur d'Urbanisme de Yaoundé (PDU) horizon 2020.

-REVUES ET PERIODIQUES

1. Juris-classeur Collectivité territoriale, juillet 2000
2. Persée
3. Revue Africaine de parlementarisme et de démocratie
4. Revue de droit immobilier
5. Revue du droit public et de la Science politique en France et à l'étranger (RDP)
6. Revue en ligne de géographie politique et de géopolitique
7. Revue française de droit administratif
8. Urbanisme

VI-SITES INTERNET

1. fr.wikipedia.org
2. Lexis Nexis Jurisclasseur
3. www.afbd.org
4. www.alternatives durables.org
5. www.cairn.info

6. www.epublications.unilim.fr
7. www.foncier-développement.fr
8. www.gemdev.org
9. www.Géoconfluence.ens-lyon .fr
10. www.Insee.fr.
11. www.institut-numérique.org
12. www.Lamyaxedroit.fr
13. www.Minduh.Gov.cm
14. www.Persee.fr
15. www.village-justice.com
16. www.sciences-po-urbanisme.fr
17. www.statistics-cameroon.org

VII-TEXTES

A- TEXTES NATIONAUX

1-Textes de lois

1. Loi constitutionnelle n° 96/06 du 18 janvier 1996 portant révision de la constitution du 02 juin 1972.

2. Loi N° 66-10-Cor du 18 Novembre 1966 portant partie législative du Code de l'urbanisme au Cameroun oriental.

3. Loi N° 96/12 du 5 Août 1996 portant Loi cadre relative à la gestion de l'environnement au Cameroun.

4. Loi N° 2004/003 du 21 Avril 2004 régissant l'urbanisme au Cameroun.

5. Loi n° 2004/17 du 22 juillet 2004 d'orientation de la décentralisation.

6. Loi n° 2004/018 du 22 juillet 2004 fixant les règles applicables aux communes.

7. Loi n° 2004/019 du 22 Juillet 2004 fixant les règles applicables aux régions.

2-<u>Décrets</u>

1. Décret du 27 Mars 1966 fixant la date d'entrée en application de la loi n°66-10-Cor du 18-11-66.

2. Décret N°68-57-Cor du 30 Avril 1968 relatif à l'organisation de l'Urbanisme, de la construction et de l'habitat rural.

3. Décret N°68-58-Cor du 30 Avril 1968 relatif à l'urbanisme.

4. Décret N°68-59-Cor du 30 Avril 1968 relatif à la construction.

5. Décret N°68-60-Cor du 30 Avril 1968 relatif aux lotissements.

6. Décret N°68-61-Cor du 30 Avril 1968 relatif aux zones à urbaniser en priorité.

7. Décret N°79/017 du 13 Janvier 1979 relatif aux transactions immobilières privées.

8. Décret n° 2005/190 du 03 juin 2005 portant organisation du Ministère du Développement Urbain et de l'Habitat.

9. Décret N°2008/739/PM du 23 Avril 2008 fixant les règles d'utilisation du sol et de la construction.

10. Décret N°2012/384 du 14 septembre 2012 portant organisation du Ministère de l'Habitat et du Développement urbain.

11. Décret N°2013/0042/PM du 23 Janvier 2013 modifiant et complétant certaines dispositions du décret N°2012/384 du 14 Septembre 2012 portant organisation de l'habitat et du développement urbain.

12. Décret N° 2013/0042/PM du 23 Janvier 2013 modifiant et complétant certaines dispositions du décret n°2008/0739/PM du 23 avril 2008 fixant les règles d'utilisation de sol et de la construction.

3-Arrêtés

1. Arrêté N°165-A-Sec.T.P. du 9 Août 1968 fixant les formes de demande de permis de conformité.

2. Arrêté N°166 du 12 Août 1968 fixant les formes et délais d'instructions des demandes d'autorisation de lotissements.

B- **TEXTES INTERNATIONAUX ET ÉTRANGERS**

1- Convention d'Aarhus de 1998 sur l'accès à l'information, la participation du public au processus décisionnel et l'accès à la justice en matière d'environnement.

2-Code de l'urbanisme 2014, Dalloz, 23ème édition, 04/2014, 3395p.

3-Code de l'urbanisme 2014, Lexis Nexis, codes bleus, 06/2014, 1500p.

VIII-JURISPRUDENCE

A- **JURISPRUDENCE CAMEROUNAISE**

1. CCA, arrêt n° 320 du 3 Septembre 1954, Ada Ndzie c/ Administration du territoire du Cameroun

2. CFJ/CAY, arrêt n°20 du 20 Mars 1968, Ngongang Njanke Martin contre État du Cameroun

3. CFJ/CAY, arrêt n°7/CFJ du 18 Mars 1970, Ebode Onana rigobert c/ Commune de plein exercice de Yaoundé

4. CS/CA, Jugement n°1 du 19 Décembre 1975, Nkong Emmanuel c/ État du Cameroun

5. CS/CA, Jugement n°23 du 3 Févier 1977, Yeyap Njoya Joseph Marie c/ Etat du Cameroun

6. TGI de Yaoundé, Jugement N°240 du 22 Janvier 1986, Kuemo Michel c/Yobot Ntonga Gabriel

7. CS/CA, Jugement N°77/ 02-03 du 24 Avril 2003, Effa Victor c/État du Cameroun (MINUH)

8. CS/CA, Jugement n°38/03-04 du 29 Décembre 2004, Tabernacle des Aigles de 2004 contre Etat du Cameroun (MINATD)

9. CS/CA, Jugement n°183/2010 du 23 juin 2010, Waffo Wokam Lucie c/communauté urbaine de Douala

10. CS/CA, Jugement n°285 du 22 septembre 2010, Noubissi Christophe c/Etat du Cameroun (CUY);

11. CS/CA, Jugement n°61 du 23 mars 2011, Affaire Passo Jean Marie et dame Kenfack c/ Etat du Cameroun (CUY),

12. CS/CA, Jugement n°19 du 7 septembre 2011, Mary Abeck Akwa c/communauté urbaine de Yaoundé,

13. CS/CA, Jugement n°190 du 7 septembre 2011, Mbida Joseph c/communauté urbaine de Yaoundé,

14. CS/CA, Jugement n°186 du 26 septembre 2012, SCI SINAHA c/communauté urbaine de Yaoundé

B-JURISPRUDENCE FRANÇAISE

15. CE, 2 févr. 1977, Époux Charpentier

16. CE, 22 mars 1978, Association Sauvegarde de la Charente

17. CE, 4 févr. 1983, Philippe

18. CE, sect., 18 mars 1983, Siefert

19. CE, 28 janv. 1987, Époux Pautrat

20. CE, 10 mars 1989, Fournier

21. CE, 20 mars 1992, M. et Mme Prost

22. CE, 22 mars 1992, Mme Duguet

23. CE, 15 juin 1992, Syndicat départemental d'équipement de l'Ardèche

24. TA Strasbourg, 18 mars 1994, Haeflinger

25. CE, 15 mai 1995, Commune Marnaz

26. CE, 21 déc. 1994, Commune Saint-Lary-Soulan

27. CE, 28 juill. 1999, SA HLM Le Nouveau Logis Centre Limousin

IX-LEXIQUES ET AUTRES

1. ARNAUD (J-A), BELLEY (J.G.), CARTY (J.A.), CHIBA (M.), *Dictionnaire encyclopédique de théorie et de sociologie du droit*, LGDJ, 1993,

2. Dictionnaire Larousse Maxi poche, Larousse, 2009, 1625p.

3. GUILLIEN (R) et VINCENT (J) et autres, *Lexique des termes juridiques*, Dalloz, 14ème édition, 2003, 619p.

4. MERLIN (P), CHOAY (F), *Dictionnaire de l'urbanisme et de l'aménagement*, PUF, 3ème édition, 27/10/2010, 880 p.

5. VINCENT (M), *Recueil des principaux textes applicables au Cameroun oriental en matière d'urbanisme*, CREDA, Yaoundé, 1972, 36p

Table des matières

Structures éditoriales du groupe L'Harmattan

L'Harmattan Italie
Via degli Artisti, 15
10124 Torino
harmattan.italia@gmail.com

L'Harmattan Hongrie
Kossuth l. u. 14-16.
1053 Budapest
harmattan@harmattan.hu

L'Harmattan Sénégal
10 VDN en face Mermoz
BP 45034 Dakar-Fann
senharmattan@gmail.com

L'Harmattan Cameroun
TSINGA/FECAFOOT
BP 11486 Yaoundé
inkoukam@gmail.com

L'Harmattan Burkina Faso
Achille Somé – tengnule@hotmail.fr

L'Harmattan Guinée
Almamya, rue KA 028 OKB Agency
BP 3470 Conakry
harmattanguinee@yahoo.fr

L'Harmattan RDC
185, avenue Nyangwe
Commune de Lingwala – Kinshasa
matangilamusadila@yahoo.fr

L'Harmattan Congo
67, boulevard Denis-Sassou-N'Guesso
BP 2874 Brazzaville
harmattan.congo@yahoo.fr

L'Harmattan Mali
ACI 2000 - Immeuble Mgr Jean Marie Cisse
Bureau 10
BP 145 Bamako-Mali
mali@harmattan.fr

L'Harmattan Togo
Djidjole – Lomé
Maison Amela
face EPP BATOME
ddamela@aol.com

L'Harmattan Côte d'Ivoire
Résidence Karl – Cité des Arts
Abidjan-Cocody
03 BP 1588 Abidjan
espace_harmattan.ci@hotmail.fr

Nos librairies en France

Librairie internationale
16, rue des Écoles
75005 Paris
librairie.internationale@harmattan.fr
01 40 46 79 11
www.librairieharmattan.com

Librairie des savoirs
21, rue des Écoles
75005 Paris
librairie.sh@harmattan.fr
01 46 34 13 71
www.librairieharmattansh.com

Librairie Le Lucernaire
53, rue Notre-Dame-des-Champs
75006 Paris
librairie@lucernaire.fr
01 42 22 67 13

www.ingramcontent.com/pod-product-compliance
Lightning Source LLC
LaVergne TN
LVHW051023051026
849532LV00004BA/1345